STUDY ON INSURABLE RISK MANAGEMENT OF PPP PROJECT
IN AIRPORT URBAN RAIL TRANSIT
—Taking Zhengzhou as an Example

序 一

　　2013 年 3 月 7 日，国务院正式批复了《郑州航空港经济综合实验区发展规划（2013—2025 年）》，这是我国首个作为国家战略的航空港经济发展先行区。郑州航空港经济综合实验区（简称"航空港实验区"）批复后呈现快速发展态势。纵向来看，2010～2015 年航空港实验区地区生产总值年均增长 43.3%，规模以上工业增加值年均增长 61.4%，固定资产投资年均增长 69.9%，一般公共预算收入年均增长 79.1%，进出口总额年均增长 411.1%。横向来看，2016 年航空港实验区规模以上企业工业增加值完成 360.4 亿元，地区生产总值完成 626.2 亿元；郑州新郑综合保税区 2016 年完成进出口总值 3161.1 亿元，首次跃居全国综保区第一位。2016 年，郑州新郑国际机场客货运生产再创历史新高，其中旅客吞吐量同比增长 20%，国内机场排名跃升至第 15 位；郑州新郑国际机场 2016 年货邮吞吐量跃居全国各大机场第七位，总量相当于中部六省其他五省省会机场货邮吞吐量的总和。实践证明，航空港实验区作为龙头，不断引领和支撑地方经济社会发展，带动河南通过"空中丝路、陆上丝路、网上丝路、立体丝路"，打造河南创新开放的高地，加快跨境电商示范区和中国（河南）自贸区建设，为郑州建设国家中心城市奠定了良好基础。

　　作为全国首个国家战略级别的航空港经济发展先行区，航空港实验区的战略定位是国际航空物流中心、以航空经济为引领的现代产业基地、内陆地区对外开放重要门户、现代航空都市、中原经济区核心增长极。其中，紧扣航空经济发展这一重要主题，突出先行先试、改革创新的时代特征和功能。近几年来的发展实践表明，无论是发展速度，还是发展规模和质量，航空港实验区在许多方面已经赶上或超越了国际上许多典型航空都市的发展，对地方经济社会发展乃至"一带一路"战略实施产生了积极影响。作为一种新型的经济形态，航空经济的健康发展既需要实践过程的创新和经验总结，也需要创新、建构航空经济理论体系作为行动指导。

郑州航空工业管理学院是一所长期面向航空工业发展培养人才的普通高等院校。在近 70 年的办学历程中，学校形成了"航空为本、管工结合"的人才培养特色，确立了在航空工业管理和技术应用研究领域的较强优势。自河南省提出以郑州航空港经济综合实验区建设为中原经济发展的战略突破口以后，郑州航空工业管理学院利用自身的学科基础、研究特色与人才优势，全面融入郑州航空港实验区的发展。2012 年 6 月，郑州航空工业管理学院培育设立"航空经济发展协同创新中心"和"航空材料技术协同创新中心"。2012 年 12 月，河南省依托郑州航空工业管理学院设立"河南航空经济研究中心"。2013 年 6 月 26 日，河南省在实施"2011"计划过程中，依托郑州航空工业管理学院建立了"航空经济发展河南省协同创新中心"（以下简称"创新中心"）。学校先后与河南省发展和改革委员会、郑州市人民政府、河南省工业和信息化委员会、河南省民航发展建设委员会办公室、河南省机场集团有限公司、河南省民航发展投资有限公司、中国城市临空经济研究中心（北京）、郑州轻工业学院、洛阳理工学院等多家单位联合组建协同创新联盟，协同全国航空经济领域的有识之士，直接参与航空港实验区的立题申请论证、发展规划起草对接等系列工作。

自 2012 年 6 月由郑州航空工业管理学院启动实施以来，在河南省教育厅、河南省发改委、河南省民航办等单位给予的大力支持下，创新中心的建设进入快车道。2015 年 7 月 1 日，中共河南省委办公厅、河南省人民政府办公厅在《关于加强中原智库建设的实施意见》中，将创新中心列入中原高端智库建设规划。2015 年 12 月，河南省教育厅、河南省财政厅下发文件，确定郑州航空工业管理学院"航空技术与经济"学科群入选河南省优势特色学科建设一期工程。2017 年 3 月 30 日，创新中心理事会又新增了郑州航空港经济综合实验区管委会、中国民用航空河南安全监督管理局、中国民用航空河南空中交通管理分局、中国南方航空河南航空有限公司、中航工业郑州飞机装备有限责任公司、河南省社会科学院和河南财经政法大学 7 家理事单位，航空特色更为鲜明。

创新中心自成立以来，秉承"真问题、真协同、真研究、真成果"的"四真"发展理念，先后聘请了美国北卡罗纳大学 John D. Kasarda、北京航空航天大学张宁教授、河南大学经济学院名誉院长耿明斋、英国盖特维克机场董事会高级顾问 Alexander Kirby、清华大学蔡临宁主任等国内外知名学者担任首席专家，以"大枢纽、大物流、大产业、大都市"为创新主题，以"中心、平台、团队"为创新支撑，以"政产学研用"为创新模式，建立了 4 个创新平台，组建了 20 多个创新团队，完成了"郑州航空港经济综合实验区国民经济和社会发展的第十三个五年规划"等一批国家重点社会科学基金、航空港实验区招标项目、自贸区建设等方面课题的研究工作，形成一批理论探索、决策建议、调研报告等。为梳理这些成果的理论和应用价值，并将其以更加科学、系统和规范的方式呈现给广大读者，围绕航空经济理论、航空港实验区发展、中国（河南）自由贸易试验区建设等主题，创新中心推出"航空技术与经济丛书"，从"研究系列""智库报告""译著系列"三个方面，系统梳理航空领域国内外最新研究成果，以飨读者。

尽管编写组人员投入了大量的精力和时间，力求完美，但因时间有限，难免存在一些不足之处。我们期待在汇聚国内外航空技术与经济研究精英、打造航空经济国际创新联盟的过程中不断突破。也希望关心航空经济发展的领导专家及广大读者不吝赐教，以便丛书不断完善，更加完美！

梁晓夏　李　勇

2017 年 3 月

序　二

　　中国经济的改革和开放已走过近 40 个春秋，这是一段让中国人物质生活和精神意识产生剧烈变动的岁月，也是中国经济学探索和研究最为活跃、作用最为显著的时期。

　　区域经济是发展经济学研究的一个重要课题。谈及区域经济、区域发展，人们经常聚焦社会经济历史的发展趋势、发展道路、发展模式、发展动因和特点等问题，诸如，发达地区经济如何长期稳定发展，并保持优势地位；落后地区经济如何跨越式发展，实现赶超；如何打造区域经济的新增长极；等等。

　　经济社会发展至今，提高产业自主创新能力，走新型工业化道路，推动经济发展方式转变，成为关系我国经济发展全局的战略抉择。因此，我们急需具有附加值高、成长性好、关联性强、带动性大等特点的经济形态即高端产业来引领、带动、提升。郑州航空港经济综合实验区作为中原经济区的核心层，完全具备这些特点及能力。在全球经济一体化和速度经济时代，航空经济日益成为在全球范围内配置高端生产要素的"第五冲击波"，成为提升国家和区域竞争、促进经济又好又快发展的"新引擎"。

　　2013 年 3 月 7 日，国务院正式批准《郑州航空港经济综合实验区发展规划（2013—2025 年）》（以下简称《规划》），这标志着中原经济区插上了腾飞的"翅膀"，全国首个航空港经济发展先行区正式起航了。

　　《规划》的获批既是河南发展难得的战略机遇，也是河南航空经济研究中心与航空经济发展河南省协同创新中心的依托单位——郑州航空工业管理学院千载难逢的发展良机。

目前，在我国航空经济发展研究中，以介绍、评述和翻译国外研究成果的居多，航空技术与经济发展的理论基础研究尚未引起足够的重视。航空经济发展河南省协同创新中心组织国内外研究力量编著的"航空技术与经济丛书"，正是针对这一重要课题而进行的学术上的有益探索。

中国的改革仍在继续进行，中国的发展已进入一个新的阶段。既面临诸多挑战，又面临不少新的机遇。本丛书并不想创造有关航空经济的新概念，而是试图为研究航空经济的学者提供一个研究的理论基础，生命是灰色的，但理论之树常青。同时，本丛书还试图从对航空技术与经济实态的观察中抽象出理论，哪怕只能对指导实践产生微薄的作用，我们也将倍感欣慰。

郑州航空港经济综合实验区的建设是一个巨大的、先行先试的创新工程，国内临空经济示范区你追我赶，本丛书也是一个理论和实践相结合的创新。丛书的出版对认识发展航空经济的意义，对了解国内外航空经济发展的实践，对厘清航空经济的发展思路具有重要的现实意义。希望本丛书能服务于郑州航空港经济综合实验区的建设，引领国内航空技术与经济研究的热潮！

特向读者推荐！

张 宁

2017 年 3 月

前　言

　　空港城市开展包括地铁、轻轨、公路等的多式联运，便捷实现空地对接，可以极大地便利人们出行、大幅提高出行速度。在城市化发展导致交通压力日益沉重的情况下，城市地下轨道交通成为人们出行首选。面对中心城区高密度的人口集聚，城市地下轨道交通有效地提高了基础设施的容量、减少了对环境的污染、节约了土地资源。为发展城市地下轨道交通，各地多措并举，进一步拓宽筹资渠道，推进投融资体制创新，切实加大资金筹措、监管和资源开发经营力度，确保满足城市地下轨道交通建设的资金需求、提供有力的资金保障。PPP模式是城市地下轨道交通建设的重要模式。城市地下轨道交通是一个复杂的系统工程，它集多项工种、多种专业于一身，建设规模大，技术要求高，投资额巨大，建设周期长，参与单位多，牵涉面广。在PPP模式下，城市地下轨道交通工程项目涉及政治风险、经济风险、环境风险和技术风险等，如何进行综合风险管理、合理规避风险、恰当运用保险，是摆在城市地下轨道交通建设管理方面前的重要课题。

　　本书在郑州航空工业管理学院、郑州市轨道交通公司、华泰保险经纪公司联合研究的相关课题基础上改写而成，主要由郑州航空工业管理学院张伟撰写，郑州市轨道交通公司葛梦溪、魏延洲、李明哲参与了部分章节的编写工作，郑州航空工业管理学院郝爱民、刘春玲、李鹏、马桂兰和华泰保险经纪公司岳路提出了许多修改意见。本书以郑州市地下轨道交通项目为例，通过多角度风险分析，针对城市地下轨道交通PPP项目提出可保风险管理的相应对策建议，以期对同类项目可保风险管理有些许帮助。

目 录

第一章

研究背景

第一节　郑州航空港经济综合实验区发展规划

郑州航空港经济综合实验区是我国首个上升为国家战略且是目前唯一一个由国务院批准设立的航空经济先行区，规划面积为 415 平方公里，规划人口为 260 万人，定位为：国际航空物流中心、以航空经济为引领的现代产业基地、内陆地区对外开放重要门户、现代航空都市、中原经济区核心增长极。是一个拥有航空、高铁、地铁、城铁、普铁、高速公路与快速路等多种交通方式的立体综合交通枢纽，是我国内陆首个人民币创新试点、三个引智试验区之一、全国十七个河南唯一一个区域性双创示范基地、河南体制机制创新示范区，被誉为郑州国家中心城市建设的"引领"、河南"三区一群"国家战略首位、河南最大的开放品牌、带动河南融入全球经济循环的战略平台。

一　郑州航空港经济综合实验区战略定位

（一）国际航空物流中心

建设郑州国际航空货运机场，进一步发展连接世界重要枢纽机场和主要经济体的航空物流通道，完善陆空衔接的现代综合运输体系，提升货运中转和集疏能力，逐步发展成为全国重要的国际航空物流中心。

（二）以航空经济为引领的现代产业基地

发挥航空运输的综合带动作用，强化创新驱动，吸引高端要素集聚，大力发展航空设备制造维修、航空物流等重点产业，培育壮大与航空关联的高端制造业和现代服务业，促进产业集群发展，形成全球生产和消费供应链重要节点。

（三）内陆地区对外开放重要门户

提升航空港的开放门户功能，推进综合保税区、保税物流中心发展和陆空口岸建设，优化国际化营商环境，提升参与国际产业分工的层次，构建开放型经济体系，建设富有活力的开放新高地。

（四）现代航空都市

树立生态文明理念，坚持集约、智能、绿色、低碳发展，优化实验区空间布局，以航兴区、以区促航、产城融合，建设具有较高品位和国际化程度的城市综合服务区，形成空港、产业、居住、生态功能区共同支撑的航空都市。

（五）中原经济区核心增长极

强化产业集聚和综合服务功能，增强综合实力，延伸面向周边区域的产业和服务链，推动与郑州中心城区、郑汴新区联动发展，建设成为中原经济区最具发展活力和增长潜力的区域。

二 郑州航空港经济综合实验区交通规划

（一）优化空间布局

以空港为核心，两翼展开三大功能布局，整体构建"一核领三区、两廊系三心、两轴连三环"的城市空间结构。

一核领三区：以空港为发展极核，围绕机场形成空港核心区；以轴线辐射周边形成北、东、南三区。

两廊系三心：依托南水北调水渠和小清河打造两条滨水景观廊道，形成实验区"X"形生态景观骨架；同时结合城市功能形成三大城市中心：北区公共文化航空商务中心、南区生产性服务中心、东区航空会展交易中心。

两轴连三环：依托新 G107、迎宾大道打造城市发展轴带，形成实验区"十字"形城市发展主轴；同时结合骨干路网体系形成包含机场功能环、城市核心环、拓展协调环的三环骨架。

（二）强化航空枢纽地位

郑州航空港经济综合实验区将建成全国八大区域枢纽机场之一，发挥自身处于三大经济圈地理中心的区位优势，实现 2.5 小时航空圈覆盖全国人口 90%、覆盖全国经济总量 95% 的目标，建成"一网""两链""四港一体"的基础设施。

（三）构建多式联运体系

郑州市处于国家"米字"形高铁枢纽，即将开通郑欧国际班列，是国家高速公路、干线公路重要枢纽，也是中原城市群城际轨道枢纽。郑州航空港经济综合实验区可实现地铁、轻轨、公路多种运输方式联合配套，与空中客运和货运紧密衔接，打造方便的立体式、多方式联合运输体系。

第二节 多式联运的重大意义

由于多式联运具有其他运输组织形式无可比拟的优越性，因而这种国际运输新技术已在世界各主要国家和地区得到广泛的推广和应用。欧洲至远东/北美等地的货物运输采用海陆空联运，其组织形式包括海陆联运。

发展国际多式联运具有以下重要意义：利于加强政府对整个货物运输链的监督与管理；有助于保证本国在整个货物运输过程中获得较大的运费收入比例；有助于引进新的先进运输技术；有助于减少外汇支出；有助于改善本国基础设施的利用状态；有助于通过国家的宏观调控与指导职能保证使用对环境破坏最小的运输方式达到保护本国生态环境的目的。

国际多式联运是一种比区段运输高级的运输组织形式。20 世纪 60 年代末，美国首先试办多式联运业务，受到货主的欢迎。随后，国际多式联运在北美、欧洲和远东地区开始采用；20 世纪 80 年代，国际多式联运已逐步在发展中国家实行。目前，国际多式联运已成为一种新型的重要的国际集装箱运输方式，受到国际航运界的普遍重视。1980 年 5 月，在日内瓦召开的联合国国际多式联运会议上产生了《联合国国际货物多式联运公约》。该公约将在 30 个国家批准和加入一年后生效。它的生效将对今后国际多式联运的发展产生积极的影响。

第三节 城市地下轨道交通的作用和发展历程

在城市化发展导致交通压力日益沉重的情况下，城市地下轨道交通成为人们出行首选。面对中心城区高密度的人口集聚，城市地下轨道交通有效地提高了基础设施的容量，减少了对环境的污染，节约了土地资源，方便了人民生活。

一 城市地下轨道交通的作用

我国正处在工业化和城市化加速发展的时期，数以百万计的人口涌入大城市，给城市管理和城市交通带来巨大的压力。城市汽车拥有量飞速增加，交通拥堵给城市发展和人民生活带来很大的负面影响。政府为缓解交通拥堵付出了巨大的成本，每年为民办的几十件实事中，有关改善交通状况的大约占50%。但是道路越修越多，堵车却越来越甚。为什么？因为城市里可供修路的土地是十分有限的，而城市发展引致的交通需求是无限的，以有限的道路去满足无限的交通需求，结果可想而知。

世界各国大城市发展的经验证明，只有以大运量的公共交通尤其是地下轨道交通作为城市交通的骨干，才能有效缓解交通拥堵，提高城市交通的效率。地下轨道交通是大城市发展的必然结果。在交通发展史上，地下轨道交通的发明与飞机的发明具有同样重要的意义，都是为了克服地面道路的有限性，不同的是飞机开拓的是天上空间，而地下轨道交通开拓的是地下空间。对于城市交通来讲，地下轨道交通避开了拥堵的地面空间，使用零排放的电力作动力，在一小时内就能运送3万~6万人，并且有利于保护城市的景观和生态，因此成为大城市交通发展的最佳选择。

城市规模增长迅猛，公共交通发展水平却相对落后，既不能适应城市发展的需要，也难以满足市民日常出行需求，最直接的体现就是市民对公共汽车诸多问题、高峰时段"打的"难等现象投诉不断、诟病重重。建设城市地下轨道交通，可以最大限度地为市民提供良好的出行环境。第一，城市地下轨道交通建设节省了土地。中国的城市一般呈现土地少、人口多、密度高、交通挤、发展快等特点，城市可利用土地和空间都在日益减少。地下轨道交通开辟了人类生活的第二空间。土地及地下资源的多层次利用，解决了土地不足的问题，提高了土地集约化利用程度。第二，虽然建设地下轨道交通需要很多资金，但在建设的过程中和建成之后，它所节约的成本和带来的经济效益，很难用金钱去估算。比如，在建设中，可以减少城市扩建、改造、拆迁的费用。充分利用地下空间，减少地面占地及拆迁，不仅减少了城市的建设成本，而且节省了国家宝贵的资源和巨额投资。第三，地下轨道交通是目前耗能少的交通方式。建设城市地下轨道交通还制止了私人小汽车逐渐普及引起的耗能型分散居住方式的蔓延，对于缓解能源紧张起到了应有的作用。第四，地下轨道交通为公众提供了一种快速、准时、方便、安全、舒适的公共交通方式。对于地下轨道交通，市民共同享有和需求。那里既无软卧、包厢，也无头等舱，具有社会公平性。同时，地下轨道交通还可以改善交通阻塞状况，改善投资环境、生态环境、城市环境，提高人民的生活质量。此外，地下轨道交通对社会文化、城市文化也有重要的促进作用。地下轨道交通对人们的思想观念、意识形态、思维方式、生活方式、生产方式的产生和形成，对增强人们的竞争、时间、秩序、市场、效率、协作、法律、礼仪、平等、人权等观念都有重大促进作用。对传统观念、传统文化、传统社会有重大冲击。

地下轨道交通线路犹如一条大动脉，连通城市的各个角落，使城市不同部分有机地联系在一起。20世纪40年代，生活在上海的张爱玲说过："时代的车轰轰地往前开。我们坐在车上，经过的也许不过是几条熟悉的街衢，可是在漫天的火光中也自有惊心动魄。"她描述的是当时现代生活的一种物质象征：电车。如今，地下轨道交通取代了电车，记录着这个时代的变化。

二　我国城市地下轨道交通发展历程

中国第一条地下轨道交通线路始建于1965年7月1日，1969年10月1日建成通车，使北京成为中国第一个拥有地下轨道交通的城市。

1965年7月，北京地下轨道交通1号线一期工程开工，这标志着我国地下轨道交通发展的起步。1969年10月，北京地下轨道交通1号线一期建成完工，成为我国第一条投入运营的地下轨道交通线路。我国地下轨道交通主要经历了三个发展阶段。

（1）起步阶段（1965～1997年）：城市化处于较低水平，国家经济实力有限，地下轨道交通建设基本限于核心城市北京和上海，除此之外仅天津建成地下轨道交通1号线。截至1997年7月，全国共建成运营地下轨道交通线路 4 条。

（2）发展阶段（1997～2014 年）：城市化进程加快，主要城市规模增长、经济实力增强；城市地面交通问题逐步显现、环境污染日益严重。地下轨道交通作为缓解城市交通压力、降低运输能耗、减少环境污染的国际通行手段，已具备内在需求和外部经济实力保障，发展步伐开始加快。截至 2014 年底，拥有地下轨道交通线路的城市增加到 7 个；北京、上海在这一时期继续进行新线和老线延伸建设工作。

（3）提速阶段（2015 年至今）：城市化水平显著提高，经济实力进一步提升，地下轨道交通成为经济发展较快的大城市公共交通建设的重要内容，地下轨道交通运营网络初具规模，运量和网络密度仍远低于世界主要大城市。我国地下轨道交通运营里程正处于快速增长期，按照发达国家的建设经验，这一阶段将伴随整个城市化进程持续存在。

三 城市地下轨道交通发展情况

根据中国城市轨道交通协会统计，2016 年末，中国大陆地区北京、上海、广州、深圳、南京、杭州、西安、长沙、昆明、郑州等 48 个城市在建轨道交通线路总规模约为 5636.5 公里，同比增长 26.7%。其中，23 个城市在建线路超过 100 公里，成都、武汉、广州、青岛、北京 5 个城市在建线路均超过 300 公里。截至 2016 年末，中国大陆地区共 30 个城市（2016 年新增福州、东莞、南宁、合肥 4 个城市）开通城市轨道交通线路，运营线路 134 条，总长度达 4153 公里，创历史新高，21 个城市拥有 2 条及以上城市轨道交通线路，城市轨道交通网络化运营已成趋势。在规划方面，据不完全统计，中国大陆地区已获得城市轨道交通建设项目批复的城市有 58 个，规划线路总规模为 7305.3 公里。其中，50 个城市获批规划线路超过 2 条，线网规模超 100 公里的有 28 个城市。在投资方面，据不完全统计，58 个城市已批复规划线路总投资达 37018.4 亿元，其中，14 个城市的计划投资超过 1000 亿元。

近年来，国内基础设施建设进入迅猛发展时期，预计"十三五"期间我国城市轨道交通建成投运线路超过 3000 公里，轨道交通投资规模将达到 1.7 万亿～2 万亿元。

四　城市地下轨道交通的优点

（一）节省土地

由于大城市的市区地皮价值一般很高，将城市轨道交通建于地下，可以节省地面空间，而将地面地皮作其他用途。

（二）减少噪音

城市轨道交通建于地下，可以减少地面的噪音。

（三）减少干扰

由于地下轨道交通的行驶路线不与其他运输系统（如地面道路）重叠、交叉，因此行车受到的交通干扰较少，可节省大量通勤时间。

（四）节约能源

在全球气候变暖的背景下，地下轨道交通是最佳大众交通运输工具。由于地下轨道交通行车速度稳定，大量节省通勤时间，使民众乐于搭乘，从而节省了许多开车所消耗的能源。

（五）减少污染

一般的汽车使用汽油或柴油作为能源，而地下轨道交通使用电能，没有尾气的排放，不会污染环境。

五　城市地下轨道交通的缺点

（一）建造成本高

由于要钻挖地底，轨道交通建于地下的成本比建于地面高。

（二）前期时间长

建设地下轨道交通的前期时间较长，由于需要规划和政府审批，甚至还需要试验。从开始酝酿到付诸行动、破土动工需要非常长的时间，短则几年，长则十几年也是有可能的。

（三）安全风险大

虽然地下轨道交通对于雪灾和冰雹的抵御能力较强，但是对地震、水灾、火灾和恐怖袭击等的抵御能力很弱。地下轨道交通极易因为这些因素引发悲剧。为此，自地下轨道交通出现以来，工程师们就不断持续研究如何提高地下轨道交通的安全性。

（1）地震。地震可以导致行进中的车辆出轨，因此地下轨道交通都设计有遇到地震立即停驶的功能。为防止地下轨道交通地道坍塌，处于地震带的地下轨道交通工程结构必须特别坚固。

（2）水灾。地下轨道交通内的系统低于地平线，导致地上的雨水容易灌入地下轨道交通内的设施。因此，地下轨道交通在设计时不得不规划充分的防水排水设施，即使如此也可能发生地下轨道交通水淹事件。为此，在发生暴雨之时，地下轨道交通车站入口的防潮板和线路上的防水闸门都要关闭。一个例子是台北捷运在纳莉台风侵袭时发生水淹事件。还有，北京地下轨道交通 1 号线曾因暴雨积水关闭了数小时。

（3）火灾。以前，人们不太重视地下轨道交通站内的防火设施，车站内一旦发生火灾，瞬间就会充满烟雾，从而引发严重的灾祸。1987 年 11 月 18 日，英国伦敦地下轨道交通 King's Cross 站发生火灾，导致 31 人死亡。发生火灾的原因之一是伦敦地下轨道交通内采用了大量木质建筑。因此，日本地下轨道交通部门规定在地下轨道交通站内禁烟，以避免火灾。

2003 年 2 月 28 日，韩国大邱广域市的地下轨道交通车站因为人为纵火而产生火灾，12 辆车厢被烧毁，192 人死亡，148 人受伤。这次火灾导致如此严重死伤的原因除了车厢内部装潢采用可燃材料之外，还有车站区域内排烟设施不完善，这些加上车辆材质燃烧时产生了大量的一氧化碳等有害物质，导致不少人中毒死亡。

第四节　郑州市地下轨道交通项目

按照郑州市"十三五"轨道交通建设规划，郑州市轨道交通建设要创造"五个一流"，即一流的工程速度、一流的工程质量、一流的工程安全、一流的运营水平、一流的服务保障，为全市实现"两个率先"、加快推进国际商都建设、向国家中心城市迈进提供坚强支撑。郑州市要科学安排，统筹推进轨道交通工程建设，合理安排建设时序，切实把握好施工这个关键环节，严控时间节点，确保建设进度。郑州市要多措并举，确保轨道交通建设的资金需求，进一步拓宽筹资渠道，推进投融资体制创新，切实加大资金筹措、监管和资源开发经营力度，为轨道交通全面建设提供有力的资金保障。郑州市轨道交通建设的重任责无旁贷地落在郑州市轨道交通有限公司肩上。

郑州市轨道交通有限公司是 2008 年 2 月 22 日经郑州市人民政府批准成立的国有企业，主要负责郑州市轨道交通项目的工程投融资、建设、运营和沿线资源开发工作。截至目前，公司运营 3 条线路（1 号线、2 号线一期以及城郊铁路一期），约 94 公里；按照郑州市"十三五"轨道交通建设规划，至 2020 年，公司运营线路里程将超过 300 公里。郑州市轨道交通网形成后，将承担城市核心地区公交客运量的 60% 以上。以二七广场为中心，乘坐轨道交通出行 30 分钟可达各功能片区中心，40 分钟可达近郊组团中心。

2008 年底，在河南省和郑州市发改委、建设、环保、文物以及郑州市轨道办等的协同努力下，经过了几十次技术专家论证会，《郑州市城市快速轨道交通近期建设规划（2008－2015 年)》通过了国家发改委、国家文物局、环保部等部委的审批，《郑州市地下轨道交通规划》经国家发改委、住房和城乡建设部的联合会审后，呈报国务院。在国家拉动内需政策的大背景下，2009 年 2 月 6 日，《郑州市地下轨道交通规划》获得国务院同意，得到了国家的政策支持。

一　郑州市轨道交通线路走向

1 号线西起郑州高新技术产业开发区，东至郑东新区龙子湖，线路全长 34.6 公里，途经西部老厂区、市政府办公区、火车站、二七商圈、省政府办公区、郑东新区 CBD 等，主要是为了疏导市区东西向交通流，加强老城、新区之间的联系。项目总投资 145.7 亿元。站点数量 28 个，换乘车站 7 个，分别为桐柏路站、二七广场站、紫荆山站、会展中心站、黄河东路站、郑州东站和龙子湖站。除郑州火车站、市体育馆站、紫荆山站为地下三层站外，其余均为地下二层站。平均站点间距为 1.29 公里。

2 号线起于惠济区中心，止于站马屯，途经开元路、花园路、紫荆山路、郑许公路。长度 27.30 公里，站点数量 22 个，换乘车站 6 个，平均站点间距 1.30 公里。有车辆段 1 处、停车场 1 处，控制中心与 1 号线合建（由 1 号线实施土建工程，并预留 2 号线系统接驳空间），设主变电站 2 座（在国基路站附近新建 1 座，体育馆站主变电站由 1 号线实施土建工程并同时向 1 号线、2 号线供电）。根据线网建设规划，2 号线分两期施工。先期施工的一期工程为广播台站—向阳路站，线路长 18.27 公里，均为地下线，设车站 15 座（其中紫荆山站与 1 号线同步施工），设车辆段 1 处。二期工程为天山路站—广播台站，线路长 9.438 公里，设车站 6 座（均为高架站），设停车场 1 处。

3 号线起于郑州大学，止于加州工业园区，途经科学大道、瑞达路、梧桐街、东风路、南阳路、铭功路、东西大街、郑汴路、龙子湖纵贯三路。长度 40.78 公里，站点数量 31 个，换乘车站 8 个，平均站点间距 1.36 公里。

4 号线起于惠济区人民医院，止于加州工业园区，途经新柳路、沙门路、龙湖中二路、城市第一中心轴线道、中州大道、七里河路、佛岗东路、佛岗路。长度 34.70 公里，站点数量 25 个，换乘车站 7 个，平均站点间距 1.45 公里。

5 号线起止于新郑州站，途经农业路、桐柏北路、桐柏南路、航海中路、航海东路、经开第八大街、第三东西横贯道路。长度 40.61 公里，站点数量 32 个，换乘车站 10 个，平均站点间距 1.31 公里。

6 号线起于金海粮油市场，止于龙子湖高校园区，途经大学南路、大学路、陇海中路、陇海东路、未来大道、商鼎路、第四东西横贯道路、龙子湖中路。长度 24.30 公里，站点数量 19 个，换乘车站 6 个，平均站点间距 1.35 公里。

二　郑州市轨道交通建设规划

（1）第一阶段：起步阶段（至 2015 年），建设 1 号线、2 号线一期工程。

线网构成及规模：1 号线一期、2 号线一期。地下轨道交通线网规模为 45.39 公里。

配套说明：结合中心城区的发展，向东辐射中牟、开封，利用中原城市群城际轨道交通中的郑州—开封线，承担中心城区与中牟、开封的轨道交通联系任务。

（2）第二阶段：发展阶段（至 2020 年），形成"井字"形骨架线网。

线网构成及规模：1 号线、2 号线一期，3 号线一期，4 号线一期。新增线网 50.22 公里，地下轨道交通线网总规模为 95.61 公里。

配套说明：结合中心城区的发展，向西辐射带动荥阳—上街组团的发展，向南辐射带动航空港组团的发展。在郑州—开封线的基础上，利用中原城市群城际轨道交通中的郑州—机场线、郑州—洛阳线，承担中心城区与上街—荥阳组团、航空港组团的轨道交通联系任务。

（3）第三阶段：成熟完善阶段（2020年以后），形成"三横两纵一环"的地下轨道交通线网。

线网构成及规模：在骨架线网的基础上，建设6号线，5号线以及2号线、3号线、4号线二期工程，完成全部线网建设。新增线网106.75公里，地下轨道交通线网总规模达到202.53公里。

配套说明：为满足郑州东西轴线发展的需要，修建两条中心城区至中牟、上街的市域轨道线，分别连接中牟近郊组团和荥阳—上街组团。同时，与郑州—开封线、郑州—机场线、郑州—洛阳线一起，构成城镇密集区的轨道交通线网。

三 郑州市自然气候特征

郑州市属于暖温带大陆性季风气候，冷暖气团交替频繁，四季分明，无霜期220天。春季干燥少雨，冷暖多变大风多；夏季比较炎热，降水高度集中；秋季气候凉爽，时间短促；冬季漫长而干冷，雨雪稀少。

（一）郑州市地形地貌及地质构造

1. 地形地貌

郑州市位于河南省中西部黄土丘陵与东部黄河冲洪积平原的交接地带，为华北平原的一部分，地貌类型分为黄土地貌、流水地貌两大类型。轨道交通工程区自北向南为黄河泛滥平原、黄河一级阶地和黄河二级阶地，陇海路以北基本上为黄河冲洪积平原，陇海路以南基本上为黄河阶地。

2. 地质构造

郑州市市区范围内断裂构造主要有NW向和近EW向二组共12条断层。其中，距地下轨道交通较近的有老鸦陈断层（F1）、上街断层（F3）、中牟断层（F10）、柳林断层（F12）。据岩土勘察报告，这四个断层活动性较弱，处于稳定状态。

（二）工程地质与水文地质概况

1. 工程地质

根据岩土的时代成因、地层岩性及工程特性，郑州市轨道交通工程沿线地面以下 70 米深度范围内地层主要为人工填土，第四系全新统（Q4）粉土、粉质黏土、粉砂、细砂、中砂，第四系上更新统（Q3）粉质黏土、黏质粉土、粉细砂，第四系中更新统（Q2）粉质黏土、黏质粉土等土层，土层按不同的成因、时代及物理力学性质自上而下分为杂填土、粉土、粉砂、细砂、粉质黏土、钙质胶结层等 10 多个工程地质单元层。

2. 水文地质

地下水的补给来源以大气降水为主，地下水的排泄方式主要表现为大气蒸发和人工抽汲地下水，地下水位受季节的影响明显。每年 6~9 月份是地下水的补给期，每年 12 月~次年 2 月份为地下水排泄期。

勘探深度范围内，地下水类型为潜水，含水层岩性以粉土、粉细砂为主，局部为中砂。勘察期间地下水位高程为 80.56~89.93 米，平均为 84.40 米，呈现北高南低的情况。根据区域资料，地下水位年变幅为 2.0 米。地下水的腐蚀性评价结果具体如下：场地内地下水对混凝土和混凝土结构中的钢筋具微腐蚀性。

（三）特殊岩土

场地范围内对工程有不利影响的特殊性岩土主要有填土、湿陷性土以及钙质胶结层。

（1）填土。工程场地普遍分布有人工填土层，土质不均，工程性质差，人工填土成分复杂，主要为城市柏油路面、粉土，局部含较多砖块、砼、灰渣等建筑垃圾，结构松散，力学性质差异较大，稳定性差，对出入口部位的地基稳定性、边坡稳定性有不利影响。

（2）湿陷性土。工程场地地处黄河冲积一级阶地，据区域地质资料及地基土湿陷性检验结果，浅部土层具湿陷性，埋深约 4.5 米，属非自重湿陷场地，地基湿陷等级为 I 级轻微。

（3）钙质胶结层。工程场地分布有不连续的钙质胶结层，致密、坚硬，呈胶结及半胶结状，近似砂岩。钙质胶结层分布无规律，多呈透镜体状。钙质胶结层的分布对基坑开挖及桩基施工影响较大。

四　郑州市地下轨道交通建设特点

结合郑州地区地质情况及地下轨道交通建设管理特点，总结郑州市地下轨道交通建设特点如下。

（一）工程地质与水文地质条件复杂

郑州市地下轨道交通穿越不同工程地质单元层，包括第四系更新世人工填土，第四系上更新统粉质黏土、黏质粉土、细粉砂及第四系中更新统粉质黏土、黏质粉土等，以粉土、粉细砂层为主。其中，第四系上更新统黏质粉土、细粉砂层土体富水性强，透水性好，地质条件差，属于液化地层，盾构机在粉土、细砂层掘进时，土体受扰动及地下水影响易发生流砂，基坑开挖时，降水困难，在动力水压作用下也易发生流砂、涌砂现象。第四系中更新统粉质黏土、黏质粉土等土层存在钙质胶结层/结核层，硬度高，盾构机掘进较困难，刀盘磨损严重，易发生卡刀盘现象。另外，穿越不同的水文地质单元，施工中可能遇到的地下水类型为潜水、层间水和承压水，含水层岩性以粉土、粉细砂为主，局部为中砂。地下水位呈现北高南低的情况，施工过程中易发生渗水、突涌水及地层变化过大等风险事件。

（二）周边环境复杂

郑州地区人口较多，地下轨道交通建设的主要目的是缓解城市中心区的交通压力，因此地下轨道交通势必会穿越建（构）筑物密集区。其中，既包括各种重要的高层建筑，也包括脆弱的低层民用建筑，还包括商城遗址、二七纪念塔等优秀历史建筑及国家文物保护点，以及大量各类防空洞和不同年代的管线，众多正在运营的城市主干道、立交桥、电力隧道、铁路线路，乃至河流。上述建（构）筑物、地下管网及地下结构等构成了复杂的施工环境，为安全可靠施工和工程环境的保护造成了很大的困难。

（三）施工方法的多样性

城市轨道交通受到地面建筑、道路、城市交通、水文地质、环境保护、施工机具以及资金条件等因素的影响，所采用的施工方法不尽相同。施工方法的选择根据工程性质、规模，工程地质和水文地质条件，地面及地下建构筑物，环境保护要求，工期、造价等因素，经全面的技术经济比较后确定。目前，郑州市地下轨道交通施工方法主要包括明（盖）挖法、矿山法和盾构法三大类。附近车辆众多、人流密集、管线密布区段的车站以半盖挖为主，地下轨道交通区间一般选择盾构法，特殊性的采用若干种施工方法。施工方法的多样性，导致线路工作接口众多、施工机具众多，相邻施工工作需要协调，施工过程中发生风险事故概率增大。随着郑州市地下轨道交通建设规模的增加、建设速度的逐步加快，工程难度逐步增大，郑州市地下轨道交通建设的安全风险将进一步加大，进行安全风险控制方面的深入研究势在必行。

为有效预防、预控轨道交通工程建设施工过程的安全风险，强化施工安全风险的过程控制和管理工作，特研究轨道交通工程建设安全风险综合管理体系。通过对郑州市地下轨道交通 1 号线、2 号线施工过程中的风险事故进行调研，分析事故成因机制，结合其地质条件、施工特点及施工管理情况，总结郑州市地下轨道交通工程施工过程地质风险因素及风险事件；并在风险工程分级基础上，确定适合郑州地区的地下轨道交通施工风险监控项目、风险控制指标及体系、施工控制要点及施工综合预警方法等风险管理技术标准。同时，基于郑州市地下轨道交通施工风险管理情况，构建地下轨道交通施工风险组织管理体系；建立健全规范化、系统化和可操作的郑州市地下轨道交通施工安全风险控制技术、管理机制体制，为郑州市地下轨道交通工程建设施工风险管理服务，以提高郑州市地下轨道交通建设安全风险评估乃至安全风险控制、管理的水平。

第五节　PPP 项目简介

PPP（Public-Private Partnership）是"公私合伙制"的简写，指公共部门通过与私人组织建立伙伴关系来提供公共产品和服务的一种方式。它最初的含义是为减少公共部门花费以及避免投资固定资产建设而设定的公共部门借贷限制。如今，PPP 的含义十分广泛，被认为是能够提供现代化、优质公共服务的一种有效模式。不仅包括我们熟悉的早期的特许经营类模型，还包括公共基础设施项目的服务外包、管理外包，以及公共基础设施的私有化模型。

近年来，随着经济的蓬勃发展，我国对于基础设施、公用事业建设的需求变得越来越大。由于地方政府财力有限，无法完全负担基础设施、公用事业的建设费用，所以急需大量开发基础设施、公用事业方面的 PPP 项目。开发 PPP 项目不仅能大幅改善地方政府的财政收支状况，还能为私营部门带来更多的投资机会。私营部门加入后还可带来先进的技术及高效的管理，从而大幅提高基础设施、公用事业建设的质量及效率。

城市轨道交通的发展程度标志着一个国家的城市化水平。随着城市的发展，城市交通运力和运量之间的矛盾日益突出，城市轨道交通显现出优势，逐渐成为各国缓解交通压力的首选。郑州市轨道交通项目建设规模大、技术要求高、投资额巨大、建设周期长，这些特点要求该项目建设选择 PPP 融资模式。

但各项不利因素的叠加会导致 PPP 项目在具体实施过程中存在诸多风险，故 PPP 项目风险分担的合理与否在很大程度上决定了项目最终的成败。PPP 项目的风险点有：（1）宏观层面——政策和法律环境、经济环境、社会环境以及气候环境；（2）中观层面——项目的需求层面、地址、设计建造以及工艺技术；（3）微观层面——公私部门责任和风险承担的不妥、公私部门权利承担的不妥、公私部门之间工作方式和实际知识的不同、公私部门间相互承担义务的缺乏、第三方侵权行为的赔偿责任、员工危机、分包商或供应商的违约。

第六节　风险管理概述

城市轨道交通是一个复杂的系统工程，它集多项工种、多种专业于一身，建设规模大，技术要求高，投资额巨大，建设周期长，参与单位多，牵涉面广。城市轨道交通项目潜在的风险因素较多，导致在其建设实践中风险事故时有发生，因此加强对城市轨道交通项目风险管理的研究具有重要意义。国内外地下轨道交通建设和营运安全问题异常突出，严重损害人民宝贵生命，造成巨大经济损失，影响社会稳定。2003 年的韩国大邱地下轨道交通火灾，上海地下轨道交通 4 号线管涌，北京 5 号线的施工事故，2014 年的香港地下轨道交通火灾，台湾高雄地下轨道交通、新加坡地下轨道交通、广州地下轨道交通 3 号线工地地面坍塌等一幕幕触目惊心的安全事件给我们敲响了警钟，事故原因值得我们反思。

加强风险管理，有利于企业做出正确的决策，有利于保护企业资产的安全和完整，有利于实现企业的经营活动目标，对企业来说具有重要的意义。

风险管理是社会组织或者个人用以降低风险的消极结果的决策过程，通过风险识别、风险估测、风险评价，并在此基础上选择与优化组合各种风险管理技术，对风险实施有效控制和妥善处理风险所致损失的后果，从而以最小的成本收获最大的安全保障。风险管理工具共有七种：风险承担、风险规避、风险转移、风险转换、风险对冲、风险补偿和风险控制。风险转移是指企业通过合同将风险转移到第三方，企业对转移后的风险不再拥有所有权。转移风险不会降低其可能的严重程度，只是从一方移除风险后将其转移到另一方。例如，（1）保险，保险合同规定保险公司为预定的损失支付补偿，作为交换，在合同开始时，投保人要向保险公司支付保险费；（2）非保险型的风险转移，将风险可能导致的财务损失负担转移给非保险机构，如服务保证书等；（3）风险证券化，证券化所保风险构造的保险连接型证券（ILS），这种债券的利息支付和本金偿还取决于某个风险事件的发生或严重程度。

可保风险是指符合承保人承保条件的特定风险。尽管保险是人们处理风险的一种方式，它能在人们遭受损失时为其提供经济补偿，但并不是所有破坏物质财富或威胁人身安全的风险，保险人都承保。现阶段的中国，风险时期均衡理论的实施条件尚不成熟，各保险企业应谨慎运用弱化的可保条件来承保风险，以免造成保险经营的不稳定。各保险公司可在风险组合基础上，同时兼顾保险宏观监管的法律法规、财务会计制度和税收政策等，视条件运用风险时期均衡理论，扩大承保规模，满足现实保险需求。作为微观经济主体转嫁风险的一种重要手段，保险的对象是风险，而风险的可能性和不确定性，使加强保险经营风险防范和管理成为必要。围绕保险经营的主要环节，如展业、承保、理赔、风险自留额的确定和再保险安排、积累保险资金的运用等，相应地有危及保险经营稳定的各种风险，而承保风险是所有保险经营风险的起点。承保风险的防范和管理，主要决定保险经营承保的风险究竟是什么风险，即可保风险的条件。然而，经济的发展、技术的进步，导致保险经营所处的风险环境发生了巨大变化，保险企业基于开展市场竞争、稳定保险经营、实现经营利润等考虑，逐渐放宽承保条件，传统可保风险的条件出现弱化趋势。

第二章

地下轨道交通工程施工风险管理
国内外研究现状

第一节　国内外管理体系调研[①]

管理体系一般包括组织机构、策划活动（目标、过程两方面，缺一不可）、职责、惯例、程序、过程、资源等内容。目前，比较成熟的管理体系有：《质量管理体系》（ISO 9000、GB/T19001 - 2008）、《环境管理体系》（ISO 4001、GB/T24001 - 2014）、《职业健康和安全管理体系》（OHSAS 18001、GB/T28001 - 2011）、《三标一体化（QHSE）管理体系》、《食品安全管理体系》（ISO22000、HACCP）、《信息安全管理体系》（ISO 27001、BS7799）和《能源管理体系》（GB/T23331 - 2009）等。各行业、各生产单位根据自身生产及产品质量安全控制的特点和需要，大多建立了适应自身发展的相应管理体系。目前，国家、行业层面正在规划构建社会安全和生产隐患排查管理体系。

从内容构成上看，管理体系一般包括目标指标体系、组织机构体系、责任体系、环境与资源保障体系、文件与工作内容体系、工作程序与过程控制体系、记录体系、考核监管体系等。不论何种管理体系，其内容及构

[①]　北京市建设工程安全质量监督总站、北京安捷工程咨询有限公司、住房城乡建设部城市轨道交通工程质量安全专家委员会组织编写《城市轨道交通工程安全风险管理体系构建指南》，中国建筑工业出版社，2015。

成要素大同小异，具体管理要求和作业标准则因行业和产品而异。

对于质量管理体系，ISO 9000 系列标准在国内外被广为引用和认证，其体系文件的构架可分为英国和德国两大系统。其体系文件内容均包括：一阶文件——质量手册（方针宣导）、二阶文件——程序文件（工作流程）、三阶或四阶文件——各种作业指导书/质量记录或表格（作业条件/记录数据）。质量管理体系文件编写结构都建立在以过程为基础的质量管理体系模式上，都是从管理职责、资源管理、产品实现、测量分析和改进四大过程展开。质量管理体系文件包括：形成文件的质量方针和质量目标；质量手册；标准所要求的形成文件的程序和记录；组织确定的为确保过程有效策划、运作和控制所需的文件，记录。

管理体系建立原则主要包括系统性原则、事故预先控制原则、全员参与原则、行为与态度原则、持续改进原则等。目前，各管理体系建立均有相应的国际标准和国家标准。企业管理体系构建的主要依据是国家标准，同时也必须结合企业自身的产品特点，根据管理需求量身打造。

城市轨道交通工程建设安全风险管理体系一般参照国际上通行的 ISO 质量管理体系，遵循人人有责任、事事有程序、作业有标准、体系有监督、不良有纠正的基本目标，并结合城市轨道交通工程建设及其风险管理的特点、经验建立。其必要构成要素和基本内容包括：①目的与范围；②组织机构及职责；③安全风险管理内容与程序；④管理制度与技术标准；⑤安全风险管理过程控制与成果记录；⑥体系监督与考核；⑦体系审核改进等。其中，组织机构及职责、安全风险管理内容与程序、安全风险管理过程控制与成果记录、体系监督与考核等是核心要素。

第二节　风险管理体系研究现状

风险是指在项目建设时能够引起安全事故且具有不确定性的危险源。城市轨道交通工程较一般公路、铁路隧道工程具有更复杂的地质环境、更不利的外部环境和更严格的控制要求。由于各种不确定因素的复杂性，城市轨道交通工程施工具有明显的不确定性特征，具体表现为：风险发生的不确定性、风险发生的时间的不确定性、风险的普遍性、风险的可测性以及风险的发展性。[①]

风险管理是识别、度量项目风险，制定、选择和管理风险处理方案的过程。风险管理是一个动态的、循环的、系统的、完整的过程。风险管理主要是指系统地对建设项目风险进行分析、识别，从而掌握其出现规律，深入探索其产生原因，结合实际工程所具有的特点，对于那些可能导致安全事故发生的风险逐个进行筛选，同时分析风险发生的概率、评价风险发生后的损失后果，针对主要的风险因素采取相应的防控技术来控制、减少灾害，将损失降低到最小，确保项目建设安全、顺利进行。[②] 施工过程风险管理流程包括风险源辨识、风险估计、风险评价、风险决策、风险跟踪 5 个步骤。

纵观几十年风险管理科学的发展历程，风险管理呈现研究领域逐步延伸、研究范围不断扩大、分析模型日渐成熟三大趋势。20 世纪 90 年代以来，随着项目建设规模的扩大，越来越多的学者注意到项目风险对项目投资目标、进度目标、质量目标等产生的巨大影响，逐步将风险分析研究成果应用到大型的工程项目中，以期降低风险。例如，科威特学者 Al-Bahar 提出一种风险管理模式——建筑工程风险管理系统（CRMS），以帮助承包商更好地认识、分析、管理风险。[③] 1994 年，欧盟（European Community）提出一种称为 RISKMAN 的综合风险管理系统方法，涵盖风险识别、风险估计、风险评价、风险控制措施等方面，并列举和估计了与项目有关的潜在风险因素。瑞士的 Faber 教授系统地阐述了风险分析常用的方法及其在土木工程中的应用。此外，英国项目经理协会（APM）及美国项目管理协会（IPMA）都提出了各自的项目风险管理过程模型，为项目风险管理提供了一种规范的系统理论框架。

自 20 世纪 70 年代以来，风险分析在地下工程项目领域的应用研究取得了一定的成果，但研究方向以理念的建立和定性的研究为主。美国的 Einstein 教授将风险分析及管理理论引入隧道与地下工程领域，提出了隧道工程风险分析的特点和应遵循的理念，建立了适用于硬岩隧道的计算机模拟的隧道

[①] 代春泉、王磊、王渭明：《城市隧道施工风险分析与控制技术研究》，清华大学出版社，2016，第 17～21 页。

[②] 孙星：《风险管理》，经济管理出版社，2007，第 26～79 页。

[③] Al-Bahar, J. F., "Systematic Risk Management Approach for Construction Projects," *Journal of Construction Engineering and Management* 3（1990）：533－546.

基本成本模型，该模型在实际工程中得到大量应用。① Sturk 等将风险分析技术应用于斯德哥尔摩环形公路隧道，得到了一些规律性的结论，并提出了以概率方法、有效的统计及风险分析为工具的地下工程决策和风险分析系统，同时论述了一些对决策和风险分析有用的方法。② Richards 于 1999 年提出适用于大多数隧道工程风险评估的风险矩阵方法，将风险事件发生的频率和影响程度分级并组成一个风险矩阵，进而按照风险在矩阵中的位置做出不同的评价结论。Snel 和 van Hasselt 在考虑投资、工期和工程质量的前提下研究了阿姆斯特丹南北地下轨道交通线路设计和施工中的风险管理问题，提出了"IPB"风险管理模式。③ Clark 和 Borst 在对美国西雅图地下交通线工程进行风险分析时提出了风险指数法。该方法类似于风险矩阵法，根据风险指数的分值对风险进行分级。④ Choi 等提出了以风险分析软件为工具的地下工程项目风险评价方法，其核心是以模糊理论为基础建立一个不确定模型，考虑了不确定性程度的变化范围，同时也提到了用于风险识别和分析的收集相关风险信息的调查表法和细节核查表法。⑤

近年来，国外一些发达国家和隧道工程界为降低隧道及地下工程建设中的损失，先后编撰了隧道及地下工程的风险管理准则规范或作业手册。具体包括：2003 年英国运输统计局（BTS）编纂了《英国隧道工作风险管理作业联合规范》（*The Joint Code of Practice for Risk Management of Tunnel Works in the UK*）；2006 年国际隧道工程保险集团（ITIG）编纂了《隧道作业风险管理作业联合规范》（*The Joint Code of Practice for Risk Management of Tunnel Works*）；2014 年国际隧道协会（ITA）编纂了《隧道工程风险管理指南》（*Guidelines for Tunnelling Risk Management*），新西兰 TNZ 编纂了《风险管理作业手册》

① Einstein, H. H., "Risk and Risk Analysis in Rock Engineering," *Tunneling and Underground Space Technology* 2 (1996): 141–155.
② Sturk, R., L. Lolsson, J. Johansson, "Large Underground Projects, as Applied to the Stockholm Ring Road Tunnel," *Tunneling and Underground Space Technology* 2 (1996): 157–164.
③ Snel, A. J. M., D. R. S. van Hasselt, "Risk Management in the Amsterdam North/South Metroline: A Matter of Process-communication instead of Calculation," World Tunnel Congress 1999 on Challenges for the 21st Century, Oslo, Norway, May 31–June 3, 1999.
④ Clark, G. T., A. Borst, "Addressing Risk in Seattle's Underground," *PB Network* 1 (2002): 33–37.
⑤ Choi, Hyun-Ho, Hyo-Nam Cho, J. W. Seo, "Risk Assessment Methodology for Underground Construction Project," *Journal of Construction Engineering and Management* 4 (2014): 258–272.

（*Risk Management Process Manual*）；2015 年 ETWB 编纂了《公共工程风险管理手册》（*Risk Management for Public Works—Risk Management User Manual*）。由此可见，风险管理在地下工程领域的应用在欧洲已经很普遍，并已经成为该领域必须实施的一项重要内容。

虽然我国在工程研究和实践、风险管理的应用研究方面起步较晚，但还是取得了一定的成果。我国对风险管理的研究贯穿决策阶段、设计阶段和施工阶段。

清华大学的郭仲伟提出了风险分析的理论和方法，对国内外相关研究成果做了全面综述，其著作至今仍有极大的参考价值。[①] 天津大学于九如结合三峡工程风险分析成果对风险分析理论在大型工程中的应用做了理论上的探讨。[②] 范益群等以可靠度理论为基础，提出了地下结构的抗风险设计的概念，计算出基坑、隧道等地下结构风险发生的概率以及定性评价了风险造成的损失，并提出改进的层次分析方法。[③] 以同济大学为主进行的沪崇通道的风险评估项目更是为这一学科的发展做出了新的贡献，通过完成"崇明越江通道工程风险分析研究"课题，同济大学将风险管理理论应用于隧道和地下轨道交通项目中，提出了系统评价一个大型项目风险的方法。[④] 北京交通大学张顶立发表了《城市地下轨道交通建设中的安全风险分析与管理》一文，全面研究了地下轨道交通工程建设的风险特征，并依据不同的工程环境制定出了具体的风险管控策略，创建了风险管控的流程与体制。[⑤]

中国工程院院士王梦恕对厦门海底隧道的规划、建设与运行中出现的风险问题进行了深入研究，并制定出了相应的风险管控策略。陈亮收集和积累了盾构隧道工程中的风险信息，对主要的风险事故、规避方法等进行归纳整理，构建了风险数据库，使风险的识别、评估、决策等诸多流程都能进行储存、核算、分析操作。吴贤国等以武汉长江隧道工程为分析对象，

[①] 郭仲伟：《风险分析与决策》，机械工业出版社，1987，第 31 页。

[②] 于九如：《投资项目风险分析》，机械工业出版社，1997，第 35~43 页。

[③] 范益群、钟万勰、刘建航：《时空效应理论与软土基坑工程现代设计概念》，《清华大学学报》（自然科学版）2000 年第 40 期（增 1），第 49~53 页。

[④] 同济大学：《崇明越江通道工程风险分析研究总报告》，同济大学，2002，第 32 页。

[⑤] 张顶立：《城市地下轨道交通建设中的安全风险分析与管理》，《市政技术》2014 年第 22 期（增），第 25 页。

确定与研究了其中存在的风险问题，并对风险产生的可能性、后果进行了半定量的分析，提出了一些相应的风险应对措施。[①]

中国土木工程学会隧道及地下工程分会风险管理专业委员会于 2014 年 11 月成立，标志着我国城市地下轨道交通工程的风险管理步入稳步发展的道路。住建部和中国土木工程学会于 2015 年在北京召开了首届地下轨道交通及地下工程安全风险研讨会，重点讨论和分析了隧道及地下工程中的建设安全风险问题，推动了地下工程安全风险研究的全面开展。政府主管部门对地下工程风险管控问题也十分关注，相继制定了地下轨道交通与地下工程风险管控的指导性文件、技术风险管控准则，有力促进了我国地下工程风险管控的规范化、标准化、程序化发展。2007 年，建设部印发《地铁及地下工程建设风险管理指南》；2010 年，住建部印发《城市轨道交通工程质量安全管理暂行办法》[②]；2011 年，住建部发布《城市轨道交通地下工程建设风险管理规范》（GB 50652 - 2011）。此外，住建部颁布的《城市轨道交通工程安全质量管理暂行办法》（建质〔2010〕5 号）、《城市轨道交通工程质量安全检查指南（试行）》（建质〔2012〕68 号）等都将安全风险管理作为其中一项重要内容。

2006 年始，建设部组织完成了 "城市轨道交通工程安全风险评估指南及责任体系研究""地下空间设计施工安全风险管理系统研究""城市轨道交通系统安全保障体系研究开发" 等研究课题，组织研究编写 "中国城市轨道交通安全发展报告"、研编 "城市轨道交通工程安全质量管理条例""地下轨道交通工程第三方监测技术及管理体系""城市轨道交通工程监测预警制度""地下轨道交通工程建设周边环境调查指南""城市轨道交通工程安全风险评估指南" 等。

综上可见，风险管理在地下轨道交通工程领域的应用研究在我国已经很普遍，并已经成为地下轨道交通工程建设必须实施的一项重要内容。随着我国轨道交通迅猛发展，各大城市纷纷开展了地下轨道交通建设安全风险管理工作。2014 年，上海开展了可行性研究阶段安全风险预评估与施工

---

① 中国土木工程学会、同济大学：《地铁及地下工程建设风险管理指南》，中国建筑工业出版社，2007。

② 住房和城乡建设部：《城市轨道交通工程质量安全管理暂行办法》，2010。

安全风险监控管理工作；2015 年前后，深圳开展了第三方监测工作；2008 年，北京建立和编制了系统完善的安全风险技术管理体系和制度文件，并将其全面应用于各条在建地下轨道交通线路，2013 年修编并建立了安全质量隐患排查管理体系，2015 年开展了穿越既有线路安全评估、第三方监测工作，并率先建立了环境风险技术管理体系；2006～2007 年，广州地下轨道交通总公司开展了地下轨道交通工程安全管理体系诊断与评估。此外，天津、苏州、西安、大连、长春、南京、成都、厦门等地下轨道交通建设城市纷纷构建了较适合当地特点的地下轨道交通安全质量管理体系或独立的安全风险管理体系。可见，在地下轨道交通建设中构建完善的风险管理体系已是重要内容之一，郑州市地下轨道交通工程的建设尚处于探索阶段，构建郑州地下轨道交通施工风险综合管理体系已是郑州市各级政府、轨道交通建设及其他各参建单位的共同需求。

第三节 施工安全风险组织管理体系

一 组织机构及职责权限

对于城市地下轨道交通建设起步早并已建成多条线路的城市，如北京、上海、广州等，其地下轨道交通建设风险管理组织模式较为成熟，一般可分为三级：①领导管理层面的公司安全质量监察总部或安全监控中心；②项目管理层面的建设事业总部或项目管理中心的安全质量部或风险监测部；③现场执行层面的业主代表和监理、施工等单位。

（一）北京地区安全风险管理①

北京地下轨道交通建设安全风险管理实行三层管理，即公司层、项目管理层和项目实施层。公司层由公司领导（总经理、主管副总经理、总工程师等）、技术委员会、安全监控中心、规划设计总部、安全质量监察总部、总工程师办公室、合同管理总部、计划调度总部等公司相关职能部门

① 北京市建设工程安全质量监督总站、北京安捷工程咨询有限公司、住房城乡建设部城市轨道交通工程质量安全专家委员会组织编写《城市轨道交通工程安全风险管理体系构建指南》，中国建筑工业出版社，2015。

组成。项目管理层为各项目管理单位，由主管领导及其相关职能部门组成。项目实施层为与公司签订合同、参与工程建设的各相关单位，包括勘察、设计（含总体设计和工点设计）、监理、施工等建设主体责任单位，以及环境调查、勘察咨询、设计咨询、检测评估、第三方监测和安全风险咨询等协助公司开展安全风险管理工作的第三方单位。

各层职责主要为：公司层全面负责公司所辖全网地下轨道交通建设线路工程施工过程的安全风险管理工作；项目管理层全面负责所辖地下轨道交通工程的安全风险管理工作；项目实施层各单位负责按照国家、北京市和行业法律法规、技术标准规范、合同文件等开展相应的安全风险管理工作。

（二）广州地区安全风险管理

广州地下轨道交通施工过程安全风险技术管理过程中，建设单位负责工程建设项目安全风险的组织协调管理和对其他参建单位或合同主体单位的监督管理。公司层主要职责为对公司所辖全网地下轨道交通建设线路工程施工过程的安全风险管理工作进行统筹管理；项目管理小组层主要职责为对各项目管理单位所负责的地下轨道交通建设线路工程施工过程进行安全风险管理；实施层主要职责为针对具体项目实施并开展相应的安全风险管理工作。

实施层各单位的安全风险管理工作如下：施工单位是现场施工安全风险控制的主体责任单位，全面负责现场项目部施工安全风险的控制和管理；监理单位负责施工监理、施工单位的安全风险监管和安全巡视工作，全面掌握合同标段或工点的安全状态，对监理工作全面负责；第三方监测单位应负责实施第三方监测和相关安全咨询工作，确保提供的监测信息真实、准确，对第三方监测质量安全和监测及预警信息的完整性、及时性、可追溯性负责。

（三）苏州地区安全风险管理①

苏州市轨道交通集团有限公司（以下简称"集团公司"）安委会负责苏州市地下轨道交通建设工程风险管理的组织工作，集团公司安委会办公室负责执行安委会有关具体工作。集团公司安委会主要职责为：建立集团公

---

① 苏州市轨道交通集团有限公司：《苏州市轨道交通工程风险管理办法》，2014。

司安全生产责任制，并制定有关的建设工程风险管理办法，组织开展安全督查，及时上报安全生产事故情况，积极配合安全生产事故调查。

集团公司总工室、建设分公司、机电中心结合自身安全生产工作，分别成立相应的风险管理机构或小组，并明确工作职责。总工室负责在施工风险管理过程中做好相关配合工作，并负责督促设计单位做好设计方案交底及施工风险管理监督工作。建设分公司负责施工准备期、施工期的风险管理，并根据自身工作需要制定相关风险管理的具体措施或办法；负责督促施工单位落实施工现场建设风险管理工作、监理单位落实施工现场风险管理督查工作、第三方监测单位落实现场监测工作和风险预警工作。机电中心负责督促施工单位落实施工现场建设风险管理工作、监理单位落实施工现场风险管理督查工作。

（四）南宁地区安全风险管理[①]

南宁地下轨道交通工程建设风险管理采用两层架构，分别为公司层和实施层。在公司层设置政府监管接口，发挥同政府部门之间的信息传递和沟通协调作用。在公司层与实施层之间设置监控管理中心，起到风险管理信息传递桥梁作用，并代表轨道公司开展风险管理相关工作。

公司层由轨道公司和地下轨道交通项目管理分公司及其相关部门组成。总公司层主要负责风险管理的决策和总体管理，主要由总经理、分管副总经理、总工程师、总师室组成。分公司层系地下轨道交通项目管理分公司的相关领导和职能部门，主要负责风险相关技术与事务的管理。实施层主要负责风险管理工作的实施，由相关参建单位组成。其中，风险咨询单位主要服务于监控管理中心，协助监控管理中心开展施工阶段风险监控管理工作。

（五）郑州地区安全风险管理[②]

郑州市地下轨道交通工程安全风险管理组织架构实行分层级管理，分别为领导决策层（主要为轨道公司安全生产委员会）、公司管理层（主要包括质量安全监察部、工程建设项目管理部及下属部门、总工程师办公室等）和现场实施层（由第三方监测单位、风险管理咨询单位、施工单位、监理

---

① 南宁轨道交通集团有限责任公司：《南宁轨道交通工程建设风险管理办法》，2014。

② 郑州市轨道交通有限公司：《郑州市轨道交通 2 号线一期工程安全风险管理系统管理办法》，2015。

单位、勘察单位、设计单位组成）。

领导决策层总体协调安全生产与风险管理工作，负责制定公司安全风险管理总体目标和风险管理信息化建设目标。

公司管理层主要负责综合预警事件的审核、发布与消警，参与预警事件处置以及组织重大风险源的专项施工方案、风险控制措施、预警处理方案的论证。

现场实施层主要包括施工单位、监理单位、第三方监测单位和风险管理单位等。施工单位负责编制和报送施工监测方案、监测数据及现场巡查报告，参与安全风险分析会，针对预警事件，确定安全隐患或风险控制措施，落实安全隐患整改、工程风险处置意见，采取有效措施消除风险，确保施工安全。监理单位负责报送监理周、月安全检查报告，组织施工单位及其他相关单位召开预警事件的处置方案或论证会议，督促施工单位整改、落实安全风险的控制措施。第三方监测单位负责报送第三方监测方案和监测日报、周报、月报，参与监测预警与分析，提出预警建议，参与预警事件分析与处置。风险管理单位负责报送风险管理周报、月报，提出预警建议，参与预警事件的分析与处置方案论证会。

二　安全风险管理内容

本书主要研究对象为郑州市地下轨道交通工程施工期的安全风险综合管理体系，故主要调研地下轨道交通工程施工阶段安全风险管理现状。根据北京、上海、广州等城市地下轨道交通建设风险管理的调研情况，地下轨道交通施工阶段安全风险管理总体要求主要如下：一是城市地下轨道交通工程施工一般采用现代化信息、网络和实时监控等技术，加强施工安全风险管理工作，确保安全风险管理的全面性、及时性和可追溯性；二是城市地下轨道交通工程施工安全风险管理应制定或明确预警分级标准、响应程序、方式和内容，并依此进行预警判定和及时响应。

三　安全风险管理程序

（一）安全风险监控预警及信息报送

据北京、上海、广州等城市地下轨道交通建设风险管理体系的调研，安全风险监控信息一般包括日常监测数据、现场巡视信息、视频监控信息等，分别针对施工单位、第三方监测单位、监理单位等报送；预警信息报送涉及各色级监测预警、巡视预警及综合预警的信息报送流程、方式、时间等。

（二）安全风险预警响应程序

城市地下轨道交通安全风险管理中，工程预警、处置管理的内容主要包括：预警的分类（包括监测预警、巡视预警和综合预警）及判别标准、预警发布、预警响应、消警程序等。

四　安全风险管理制度

根据北京、上海、广州、苏州以及郑州等城市地下轨道交通建设风险管理制度的调研结果，地下轨道交通工程安全风险管理制度包括施工过程安全风险监控、巡视、预警与评估以及施工突发事件应急响应等。施工阶段安全风险管理的基本规定如下。一是施工期风险管理，主要管理内容为土建及装修工程，要完成施工中的风险辨识和评估，编制现场风险评估报告，并以正式文件发送给工程建设各方，经各方交流后形成现场风险管理实施文件记录；开展施工对邻近建（构）筑物的影响风险分析，实施施工风险动态跟踪管理、风险预警预报、风险通告，完成现场重大事故上报及处置工作。二是施工期内一旦施工现场发生重大建设风险事故，施工单位应及时上报建设单位和相关政府主管部门，并应及时组织人员实施抢险。事故抢险或救灾结束后，建设分公司应按相关规定组织风险因素及损失的专项调查，并进行风险事故通报，落实防范和整改措施，避免风险再次发生。三是施工期风险管理应形成风险管理文件，包括工程施工主要风险分析评估及现场风险记录、工程重大风险规避措施及事故预案、现场施工风险事故记录、处置措施及责任人员等。

第三章

地下轨道交通工程特点及风险分析

面对中心城区高密度的人口集聚，地下轨道交通有效地提高了基础设施的容量，减少了对环境的污染，节约了土地资源。城市地下轨道交通项目风险存在于项目各个阶段，风险主体涉及参与各方，引发因素也是多方面的。结合城市地下轨道交通工程各个阶段的特征，运用相应的研究方法，对项目的风险进行管理有重要意义。

第一节　地下轨道交通工程特点

一　建设周期长

城市地下轨道交通是政府投资主导的公共工程的重大项目。项目投资可能达到数百亿元，私募股权投资寥寥无几。项目建设周期长，单线建设周期一般为一年，线路网络建设一般需要数年时间。

二　利益相关者众多

项目本身涉及所有者，以及设计、监督、施工、供应、运营等单位。例如，在地铁轨道交通线上施工时，规划、测绘、设计、监理单位和土木工程单位参与，材料供应单位、系统和设备供应以及安装单位参加。

另外，在项目建设过程中，需要与市民、沿线相关政府部门协商，需要和拆迁的建筑物所有者及其他行为人进行沟通，还需要考虑项目运营对周边环境的影响、旅客的安全舒适度，同时兼顾沿线开发项目和交通项目的衔接配合。

三　专业系统性强

城市地下轨道交通项目是一个复杂的系统工程，它集多项工种、多种专业于一身。技术要求高，涵盖土木工程、机电工程、交通工程、计算机科学等特殊技术类别；同时，要考虑城市地下轨道交通网络资源的全部分配。

四　运输能力大

与其他城市交通相比，城市地下轨道交通最显著的特点是交通容量大、运输能力强。在城市交通压力较大的情况下，这也是大城市建设地下轨道交通的原因。一般情况下，公共电车可以达到 0.5 万人/小时的承载能力，轻轨运力可以达到 3 万人/小时，而地下铁路运输则可达到 5 万人/小时。

五　运营速度快

城市地下轨道交通在车速、车辆性能、停车距离、停车时间等方面具有明显的优势，其准点和高速为居民节约了很多时间，受到大众的青睐。地下轨道交通与其他线路隔离，最高可以达到 60 公里每小时的运行速度，而城市公交车因为与其他车辆混用道路而受到道路条件的影响，所以总体上难以高速行驶，尽管一些城市设置了公交专用道，但是其运行时度最高只能达到 30 公里，受到很大制约。

六　安全性能高

城市地下轨道交通在专用车道通行，没有车辆干扰，人群影响小，交通事故频率有所下降。此外，城市地下轨道交通一般都设有自动化的列车停车设施。

七　环境污染小

城市的空气质量主要与车辆行驶有关。地下建成的城市轨道交通系统不会影响陆地，轻轨车辆一般安装有噪声控制系统，轨道交通的电力传输不会产生任何负面影响，相比汽车具有绝对的环保优势。

第二节　地下轨道交通工程风险分析

城市地下轨道交通的特点集中在项目的高风险上。为了确保安全、质量、数量和按期完成建设任务，风险和项目的安全性应该是管理系统的实施重点。

从施工过程和操作的角度来看，城市地下轨道交通项目是由各种因素参与的涉及多个当事人的风险一体化项目。可以根据整个网络系统，也可以基于特定风险因素，将整个城市地下轨道交通项目运营过程分为几个阶段：项目建议书、可行性研究、总体设计、初步设计、施工图设计、施工、设备安装、调试和运行准备、试运行、验收和正常运转。城市地下轨道交通应紧密联系项目规划进行建设，全面整合协调各方面各个阶段的管理工作，实现资源、组织、技术等的整合，以最终实现经济效益、资源效益和环境效益最大化，实现社会效益最大化。

在这里，我们将城市轨道交通项目风险的全过程分为三个阶段：规划阶段、实施阶段和运营阶段。城市地下轨道交通建设涉及很多参与者，如果它们不能有效沟通，它们之间就可能会相互冲突，并导致潜在的危险。项目带来的风险很多，造成的影响因素也不尽相同。例如，政策和环境因素会影响三个主要的方面：质量目标、成本和建设周期。

一　城市地下轨道交通工程风险特征

（一）风险是客观存在的

对于城市地下轨道交通项目，在从可行性研究、设计、施工到竣工交付的全部施工过程中，风险是客观存在的。在项目的每一个阶段，风险都存在。

（二）风险是多种多样的

城市地下轨道交通的建设涉及面广，项目参与人员多、建设程度高。在整个施工期间，受到国内外政治、经济和社会环境等诸多因素的影响，城市地下轨道交通项目存在大量风险，风险因素多种多样。

（三）风险现象是可能的，也是不可避免的

对于城市地下轨道交通项目来说，政治风险、经济风险或者环境风险等是基于各种因素的交互作用产生的。尽管在宏观上，风险现象是客观存

在的，不可避免的，但具体危害是偶然产生的，是可以规避的。一般来说，一些风险表现出一定的规律性，可用统计的方法来分析风险的多重规律。

二 城市地下轨道交通工程风险类别

（一）自然灾害风险

自然灾害是国内工程的严重威胁，其中影响较大的是：地质灾害（如崩塌、滑坡、地面塌陷、裂缝等）、暴风暴雨、洪水、雾等，其他还有如泥石流、雷击、风灾等。下面将对主要自然灾害风险分项加以论述。

1. 地震风险

地震风险包括地震直接风险和地震间接风险。地震直接风险是指地震在发生时刻对人们的生命安全以及公私财产造成的直接伤害，如人身损伤、建筑物塌毁等；而对于城市地下轨道交通来说，地震直接风险主要是指地震活动对地下基础设施的冲击与毁损。地震间接风险是指地震引发的自然灾害，如山体滑坡、崩塌、泥石流等。

地震风险十分直观，其危害也非常显著，人们往往也非常注重，被保险人往往也付出了很多的关注。

2. 风灾风险

风灾的类型主要有台风、暴风、雷暴大风等，主要对露天的设施，比如电力通信设施等有较大影响。由于地下轨道交通工程多系地下工程，台风、暴风和雷暴大风对其地下施工部分的直接影响不大，但地上施工部分应尤其注意防范风灾，时刻关注气象台发布的大风预警，提前做好预防措施。对于风灾风险，在实际案例中，采取明挖方式作业的施工方应当尤为警惕，因为台风带来的强暴雨对明挖部分有直接影响，严重时可导致工程长期停工。

3. 暴雨、洪水风险

水灾是城市轨道交通建设中最重要的风险之一。其中最重要的是强雨、洪水。

大雨后，地下开挖必然导致地下铁路进水，破坏开挖，这会导致机器设备的损坏，严重的情况下会导致建筑结构变形、位移，会导致财产的巨大损失。以贵阳 1 号线地下铁路线为例，该工程采用开挖方式，地下室坑彻底露天。采用这种施工方法的项目，要强调淋雨的危险性，应制定相应的应急预案，确保采取防洪措施。

近年来，我国强对流天气的频繁发生，迫使各方更加关注暴雨的风险。在北京地铁建设过程中，突如其来的暴雨产生了重大影响。在地下铁路建设史上，有大量降雨造成损失的例子。例如，2009 年，西安地铁 2 号线地下铁路工程施工期间遭受强降雨，导致地下工程延期。但事实上，随着气象技术的发展，淋雨的风险已经变得比较容易预防。在实际工程中，各方应密切与当地气象部门的合作，尽早收到风暴雨的信息，以保证实施适当的防护工作。

4. 雷击风险

雷电对地面电站工程有害，对基础设施的破坏力也相当巨大，如果电站的工程保护技术和手段不到位，防静电接地不合格，则可能导致雷击，以及火灾、爆炸二次事故。近年来，全球气候变幻莫测，我们必须做好地下铁路运输系统建设期间的相关工作，确保地下过境工程的安全性。可能导致雷电损失的主要因素如下。

①防雷方法不合理，防雷装置安放位置不正确，效果达不到设计目标要求；

②未配备防雷装置，或防雷装置故障或静电消除装置发生故障；

③用非导电材料制作的抗静电装置接触不良或状态差，造成接地电阻过大，难以起到消除静电或雷电的作用。

对于雷击风险，项目的实际建设者经常抱有侥幸心理，只是简单地安装防雷设备。但事实上，施工现场的雷电防护设施虽然对高压电力线路有一定防护作用，但难以防止磁场的突然变化可能导致的弱电系统的报警监测损坏。大量施工建设用机械设备和临时用电设施都处于露天状态，高空开放作业，在雨季时容易遭到雷击，要注意采取有效的防雷措施，特别要注意避免传感器被雷击，电源线和通信线路都要采取防护措施，还要特别注意人身安全。

5. 大雾风险

大气中的水汽凝结，当能见度小于 1 公里时，即称为雾，大雾的危险反映在短路上，停电是由"闪雾"现象造成的。有雾的天气也增加了空中作业的风险，增加了发生事故的可能性。强烈的雾气很容易影响到操作者的施工和操作质量，在雾中起重作业切割车顶帽会出现水珠，造成视线模糊，很容易导致事故发生。近年来，雾霾天气增多，引发了一些短期的连锁事件，各方都应该密切关注这一点，利用气象资料来防范相关风险。在项目的实际建设中，自然灾害的性质是最大的问题。一个简单的例子是，一场时间不是很长的暴风雨，就能造成灾难。如果正常降雨造成损失，那么可能是因为建筑存在许多问题。在它们能够抵挡一定量的降雨之前，必须做好相应管理。如果没有做好，那么就会对后续的保险赔付产生很大的影响。因此，在实际设计中，一方面要注重气象资料的收集和比较，另一方面要加强施工管理和采取应对气候条件自然变化的措施。

（二）土建施工风险

1. 地下车站施工风险

地下铁路运输车站通常是一个细长的基坑，二层地下车站的通用标准为长 180 米，宽约 20 米，开挖深度 16～18 米。工程站地下管网的管理，除了解决维护系统的稳定性问题和柱面的问题外，还需要监测施工对开挖地段造成的环境影响。在开挖过程中，应确保安全壳结构和支撑结构的稳定。这个过程易发生多阶段的事故。在缺水后，工程易发生事故，并可能影响邻近的建筑物、桥梁、管道或其他市政设施。

明挖顺作法施工是常规性的基坑开挖方式，本身技术成熟，并无多大难度，但也存在诸多风险因素，需要重视与防范，特别是在工程全面展开和存在进度压力的情况下。

第一，风险辨识。

①基坑支撑倒塌。由于台站长度超过 100 米，沿沟槽长度的斜坡等挖掘效果不好，可能会推动支架，导致维修站的工人遇难；当支架塌陷时，也会导致机壳的破坏。例如，基坑附近的燃气管道或破旧建筑物会导致管道破裂，气体泄漏或房屋破坏，居民受伤。

②基坑支撑不及时、不受力。如果支撑柱未按时安装（钢支撑）或不能及时施工（混凝土支撑），长时间的挖掘会引起围护结构变形增大，导致局部崩溃，加大对环境的影响。

③基坑支撑失稳。挖掘机碰到或跌落到基础支架上，容易导致支撑系

统的不稳定（钢支撑不是可靠的侧面连接，这种情况下易发生事故），也可能导致创建基础坍方。

④围护结构失稳。围护结构伸入基坑底部过浅，容易造成坑底渗漏水，产生涌水流砂。

第二，事故统计分析。

根据北京、广州、上海等地区 1981～2009 年的轨道交通土建事故，对各类明挖车站安全事故发生的比例进行了统计。

与明挖法相比，盖挖法对地面交通的影响相对较小。无论是明挖掘还是盖挖掘都是必要的，在挖掘和建筑施工过程中，要注意沉淀作业，保证挖掘的稳定性。关闭屋顶时，有必要采取安全措施，确保地面交通安全。在上述施工过程中，存在很大的风险，严格按照标准设计、全面实施安全措施是关键，尤其是在施工后关闭地下工程时，地下施工的风险，如滑坡、板结构的裂缝会严重影响工程进度，甚至造成严重的损失。

除了明挖法的风险外，盖挖法还有一些自身特殊的风险因素：基坑的稳定直接关系车站工程的质量，在基坑开挖、支护过程中，一定要做好降水，采用适当的降水方法。基坑内支撑以首道支撑为砼支撑，其余以钢管支撑为主，根据环境条件及保护要求可局部采用钢筋混凝土支撑或锚杆。在此重点对地下连续墙进行风险分析，具体如下。

地下连续墙施工风险。在砂层及圆砾层地层成槽过程中，成槽工艺施工控制不到位，会造成塌孔，从而造成连续墙混凝土灌注充盈系数超标，出现质量问题。

施工中地下水位过高或孔内出现承压水、遇到软弱土层或泥砂土层、槽内泥浆液面过低时，易出现槽壁坍塌；连续墙墙体垂直度不够，影响结构尺寸侵限，易引起槽断间止水失效；槽壁凹凸不平、尺寸不准、槽底沉渣过多、刚度不够等，可能导致钢筋笼体难以放入槽孔内或上浮、下放时间过长，笼体变位；导管接头不严密或部分角落灌注不到，容易造成泥浆渗入导管内或墙体缺泥；混凝土浇筑间断或浇灌时间过长，容易导致断层、离析，影响工程质量。钢围檩与连续墙之间连接不紧密或回填不密实或围檩之间未采用整体连接易造成围檩脱落。

在地铁施工中，要控制好降水范围和降水深度，如地下墙等围护结构要插入不透水层，一般在基坑开挖施工前 20 天提前降水，否则容易造成基坑土体失稳坍塌，导致坑内降水波及坑外。若长期降水，必引起坑外地面沉陷，危及管线或周边建筑物。对于型钢水泥土搅拌桩的止水帷幕，如质量控制不好，坑内降水也会通过这些薄弱点影响到坑外。坑外降水应均衡进行，降水速率过大，易造成地面及周边构建筑物沉降变形。此外，降水系统的施工质量高低会影响抽降的连续性。如降水一段时间后，降水系统失效，坑外水高于坑内，则大量地下水会从坑外通过围护结构的薄弱点流入坑内，引发地面沉降。

车站出入口周边建筑多，地下管线多，挖到地下时，由于填土疏松，稳定性差，容易发生滑坡。开挖施工：在密砂或砂建中，如果降水量不稳定，容易造成滑坡，支护开挖土地和沉降。如果施工土方顶升土方开挖的喇叭太快，不易导致预制管段土体倒塌。

2. 区间隧道施工风险

目前，国内的区间隧道工程中，应用最为广泛的施工方法为盾构法。

从盾构选型、进出洞、穿越障碍物、管片拼装的施工流程及经常出现的安全事故角度看，其掘进过程中的风险具体如下。

盾构施工的关键在于选型。选型时，首先要考虑施工区段的隧道长度、地面情况、水文条件、工程地质条件、工期和使用条件等因素，还应结合开挖和衬砌等的施工问题，选择可以安全经济地进行施工的盾构类型。如对于南宁地下轨道交通 1 号线工程，其隧道自稳能力较差，地层中富含地下水，部分地段穿越软质砂岩强风化层。在此种地质条件下施工，综合考虑技术、经济等因素，宜优先选用土压平衡式盾构，并配备加泥、加泡沫等辅助工艺。

盾构进出洞的风险主要有：

①盾构机械安装和吊装操作不当或失误，可能造成设备损害、人员伤亡，组装失败或失效；

②盾构姿态控制错误导致无法出洞；

③盾构姿态控制失误或辅助设施损坏，导致无法进洞；

④操作不当引起塌方；

⑤洞口加固不好，止水措施失效，引起水、土大量进入竖井，造成事故。

盾构穿越河流时的风险主要有：

①盾构施工时，上部作用土压和水压容易造成盾构机施工时螺旋输送器出土口喷涌；

②盾构下穿河流、湖泊时，易出现河底坍陷和管涌现象，严重时甚至出现河水与隧道贯通，而在水下通常又无法使用常规监测手段进行精确监测，可能会造成灾难性的后果；

③盾构在穿越护岸结构时，容易使护岸结构产生较大变形，甚至使其遭到破坏。

盾构穿越建筑物时的风险主要有：

为了确保建筑物的安全，在施工之前可以考虑建筑物的安全性，为了确保施工安全，建筑物必须进行核算。对于大多数房屋来说，基础是浅的，部分是半地下室，而建筑物是相对较旧的。确定物体的安全等级，尽量去除高风险的建筑物，增加低风险的建筑物。

管片拼装风险，其因素主要是：

①由于设计错误，材料强度不够，防水防渗因产品质量不符合要求；

②在运输过程中，由于外部原因，事故或碰撞事故或人为因素造成损坏，在现场跌落时发生损坏；

③整圆器失效、千斤顶压损、螺栓穿入和紧固导致管片组装的风险。

盾构施工中途更换刀具、盾尾刷的风险，其因素主要是：

①在砂砾层中掘进时，地压不容易造成，容易造成手掌面塌陷，导致地面下陷，引发安全事故；

②曲线段隧道的曲线半径小，控制地面作业时，容易导致漂移线的偏差。

3. 其他常见风险

消防安全风险是建筑工地常见的风险。这种风险的易发点包括乙炔/氧钢棚和现场可燃材料、临时电力设备和焊接瓶。厨房和宿舍的生活区也是高风险地点，但是，由于可燃物数量有限，相对风险较低。建筑工地用于隔离"三个带"（动作区域、材料区、居住区），区域内有机修房、加工钢铁厂、压缩机室、发电机房，以及油漆、氧气瓶，易发生火灾，要高度重视，严格管理。地铁站施工现场有风镐、空气压缩机、空气管道等容易产生压力和爆炸的设备和设施，也需要高度警惕。

被盗风险，这一直是主要的风险管理目标，地下轨道交通项目时间长，施工现场分散，各种材料、小型设备和办公设备容易失窃泄漏。

电力风险，电力建设除了外部供应电力建设外，还有自备电力建设，旨在应付突然停电。在暴风雨期间运行的电气设备、临时电缆和悬挂电缆容易出故障。

一般来说，民用建筑的风险是最重要的事故风险。根据每个项目的管理状况，风险各异。要重视施工工作，在实际情况下，许多事故在施工过程中造成盲点。

保险经纪人必须参与施工过程。基于对建筑研究结果的详细了解，经纪人需要了解和分析建造民用建筑的所有风险。重点是整理出那些可能发生的事故以及可以采取的措施。良好的风险管理可以缓解风险，可以通过保险转移风险。

（三）法律责任风险

和所有其他工程一样，城市地下轨道交通工程中最经常涉及的法律责任风险就是第三者责任风险，主要包含以下几个方面。

1. 拆除工程风险

拆迁工作在一般情况下不存在设备损失，但可能存在较高的损害风险和民事责任风险。特别是经过老城的线路，拆迁对象基本上是线路周围的建筑物和门面房，不仅难以拆除，而且在项目建设和运营期间会受到影响。

2. 坍塌或地面沉陷风险

（1）基坑或坑道深挖，土体的结构和强度差异很大，大部分地段的孔隙水是可见的。如果挖掘方式不当，可能会发生地质变形、崩塌等地质灾害，特别是在软土和沙土地段。

（2）交通阻断，破坏道路。土路路面隆起、沉陷和人行道破裂，造成居民出行不便、车辆通行不畅，交通拥堵，甚至道路被禁，导致社会负面影响和经济损失。

（3）由于隧道基本上是在路面下的地层里进行施工，施工过程中对沉降的不当控制可能导致路面塌陷和周围地基扰动。

3. 因不均匀沉降造成四周建筑物受损

不正确的开挖施工和隧道施工会导致周围建筑物和隧道建筑物的沉降

和开裂。车站的建设导致建筑物（结构）的沉降、开裂，风险因素有：

①基坑沉降（汲水、排水等）施工和维护不当；

②基坑支护结构和支护体系不正确；

③基坑和建筑物的过度堆积（如过度倾倒土壤和放置重物等）。

4. 地下市政管网风险

在地下铁路运输工程建设之前，必须确定地下市政管网布局，采取改迁或其他防护措施。而市政管网的深度一般为 2～3 米，隧道施工期间接触这些管道的可能性比较大。最常见的是施工和运行不当造成地面沉降，导致管道不均匀沉降。结构保护不当，使机器直接挖掘管道，可能出现环境污染、爆炸等事故。

5. 文物保护风险

地下轨道交通的建设很可能会挖到珍贵的文物，碰到文物时应当采取相应的防护措施，这可能对地下轨道交通的建设带来一定的影响，比如建设延迟，甚至被迫改变线路施工。

法律责任涉及面广泛，对于责任认定，所要求的专业标准也比较高。由于地下铁路运输项目往往跨越市中心，因此对于此类项目应特别注意第三方的责任风险。一方面要进行动态勘查，及时了解环境变化，做好计划。另一方面，也有必要尽可能在保险方案中扩大各类责任险的覆盖范围。

除上述风险因素外，城市地下轨道交通项目框架内还存在施工人员个人风险、用人单位责任风险、环境污染风险等风险。由于这些不是本书研究的重点，所以在这里不进行太多的讨论。

三 城市地下轨道交通工程风险管理中的问题

近年来，国内地下轨道交通建设中的部分事故如表 3 - 1 所示。

表 3 - 1　国内地下轨道交通建设中的部分事故一览

发生时间	事故描述
2003 年 7 月 1 日	上海地下轨道交通 4 号线董家渡事故
2014 年 3 月 17 日	广州地下轨道交通 3 号线大石站塌方事故
2014 年 4 月 1 日	广州地下轨道交通 3 号线沥滘站塌方事故
2014 年 9 月 25 日	广州地下轨道交通 2 号线涌水塌方事故

续表

发生时间	事故描述
2015 年 11 月 3 日	广州地下轨道交通 4 号线电缆坠落伤人事故
2015 年 11 月 7 日	广州地下轨道交通 5 号线大坦站塌方事故
2003 年 10 月 8 日	北京地下轨道交通 5 号线崇文门站钢筋倾覆伤人事故
2015 年 11 月 30 日	北京地下轨道交通 10 号线 22 标段塌方事故
2006 年 1 月 3 日	北京地下轨道交通 10 号线涌水塌方事故
2006 年 6 月 26 日	北京地下轨道交通 4 号线宣武门站塌方事故
2007 年 3 月 28 日	北京地下轨道交通 10 号线苏州街站塌方事故

在对以上事故进行梳理后，笔者发现，目前我国地下轨道交通工程风险管理中，存在以下一些主要问题。

（1）风险识别的随机性大，缺乏系统的风险识别，即头痛医头、脚痛医脚。低风险意识是普遍的，特别是在一些资金不足的项目中。一些承包商盲目签订一些超出自身风险管理能力的项目，不考虑自身能力而收购项目，这进一步增加了事故发生的可能性。

（2）风险识别手段落后单一。大多数风险识别项目往往局限于定性分析事故发生的可能性以及事故的影响，严重缺乏科学的、全面的定量分析。

（3）没有足够重视保险经纪人的作用。目前，国内保险经纪公司很少有机会参与风险识别，特别是在项目风险的评估阶段。这导致一个事实，即风险保险经纪人的认识主要是基于对风险的调查报告，而对风险的实际理解是比较少的。

四 城市地下轨道交通工程风险管理方法

虽然城市地下轨道交通工程的风险及其风险因素是客观存在的，但是它们并不是不可应对的。风险应对是指在风险管理前几个步骤的基础上，根据现有的技术和积累的经验，依据评估的结果，提出有效手段消除风险，减小损失或是利用风险。

（一）风险规避

风险规避包括中断风险的来源，使其不发生或抑制其发展。如果城市地下轨道交通项目存在一定的潜在风险，同时又不能通过其他战略来解决，则应该改变目标和行动计划，或者自愿放弃项目。如果在进行项目风险评估时，确定项目实施存在严重威胁，风险无法控制，保险公司可能由于高风险而拒绝承保项目，本案不再继续执行，否则会造成严重后果。

风险规避作为一种应对风险的手段，主要是通过改变项目计划和破坏风险来源来降低风险损失的可能性。避险是消除风险后果最激进的策略之一。风险规避有以下常用方法。

终止法是最消极的，是通过放弃或停止项目直接避免风险的最直接和最基本的风险规避方法。因此，虽然项目风险被排除在外，但项目参与方也失去了获利的机会。

工程法作为规避风险的切实方法，主要是采取指具体的工程措施减少重大风险造成的损失。地下轨道交通工程的设计方法受安全管理的影响最大。使用工程法来规避风险的成本很高，因为所采取的措施都与特定的工程对象有关。

教育法是避免风险的有效途径。主要是指加强员工培训，提高其风险意识，使之掌握一定的处理风险的方法和手段。

（二）损失控制

损失控制是指积极改善风险的特征，使其可以被接受，而不是被动地拒绝或停止项目。风险控制旨在积极采取合理措施减少风险因素，避免损失产生或使其尽可能少产生。这是一个积极的风险管理方法。此外，面对风险事件不可避免地发生，应采取及时有效的措施，尽量减少风险损失。尽力缩小和降低损失的范围和损失程度，是事后风险管理的一种方法。

（三）风险保留

风险保留是风险发生后最常见的承担后果的方法。管理者预见到风险事件的出现，但由于其他原因，仍然将风险保留在内部消化，采取措施或不采取措施消除风险。如果我们考虑项目的投资目标，忽视其他方面的风险保护，就会影响项目的整体利益。因此，在风险得到保存之前，我们必须系统地了解项目的相关信息。

接受风险分为两种：一种是积极的，即在风险规划阶段已经为风险做好准备，一旦发生风险，应急预案立即开启；另一种是被动的接受，那就可能出现一个风险事件。项目的总体形势是存在威胁，为防范风险而采取的措施可能会花费更多，管理者将被动接受丢失项目的风险，并将其相关损失添加到项目成本中。

风险保留是避免风险的最简单和最经济的方法。如果偏离项目风险的成本高于风险损失，或项目业主完全有能力承担风险，则可采用此策略。

（四）转移风险

转移风险是指项目经理通过某种方式故意将风险转移给第三方。转移风险的一种方法是将风险转移给另一方，如引入一个需求系统。转移风险主张重新定义合同主体的项目风险，并使之从头到尾贯穿整个项目。最重要的阶段是项目的建设期。合同或认知条件的成功使用可以在一定程度上降低整个项目的风险。确定合同的意义，风险意识和索赔意识对降低城市轨道交通项目风险具有重要意义。将风险转移给第三方主要有两种方式。一是实行保险制度。为了不受阻碍地执行项目，项目业主支付保险费或保险金。根据合同规定，在项目施工过程中发生物理损坏或者物质损失的，保险人或者保险公司负有赔偿责任，并支付相应的赔偿金。二是引入保证制度。申请人提出了特别的要求，担保人提供了书面承诺。

（五）风险利用

风险利用是克服更高层次风险的策略。风险可以分为纯风险和投机风险。纯风险是指不可能带来额外收益，只会带来成本损失的风险。一般来说，可以采取预防和转移等措施降低风险。相应的，投机风险既可能有机会成本，也可能有收益。风险利用就是利用投机风险获利，当然，从投机风险的定义可以看出，损失和收益的可能性并存。如何在减少损失的基础上获得一定的收益，值得决策者思考。当存在投机风险时，一般程序中的首要任务是分析其可行性并评估其最终影响；其次，考虑损失风险并评估决策者承受自身风险的能力。合格的风险管理者必须根据利弊的权重做出大胆的决定，这对决策者提出了更高的要求，他们不但要勇敢，还要谨慎，既要谨慎行事，又要果断决策，以千方百计充分利用机会。

第三节　地下轨道交通工程可保风险

可保风险是符合保险人的承保条件的特殊风险。创建和发展保险的过程表明，保险是在风险存在的基础上产生和发展的，对由风险的发生造成的损失进行弥补。

一 可保条件

（一）损失率高

偶然事件可能发生并导致损失。如果风险在可控范围内，没有造成损失或意外损坏，就不会带来太大的经济困难和不便。但是，火灾、盗窃等潜在风险高的事件一发生，就会造成巨大的经济损失。对于这样的风险事件，保险成为一种有效的风险管理工具。

（二）损失的可能性很小

可保风险也要求损失的可能性较小。这是由于损失的可能性很高意味着相应的高净保费，再加上额外的保费，保险支出将可与潜在损失相比。如果盗窃自行车在某地区的概率高，新车的 40% 会被人盗用，那就是，每一个新的自行车有 40% 的概率被盗，如果附加费率为 10%，那意味着总保费将达到一个新车辆重购价格的一半。很明显，这么高的保费让被保险人难以承受，保险也失去了风险转移的意义。

（三）有一个确定的概率分布

具有一定概率分布的损失是计算保费的先决条件。在计算保费时，保险公司必须能够对客观损失的分配做出正确的决定。保险公司在运营过程中使用的事故风险程度是对真实概率的近似估计，并根据经验数据进行计算。因此，正确选择经验数据对于保险公司确定保费非常重要。一些统计概率，如人口死亡率，有一定的"时效性"。根据这些实证数据，保险公司必须不断对保费做出适当的调整。

（四）同质化的风险很多

保险的功能是转移风险、转移损失和提供经济补偿。因此，任何类型的保险都不可避免地需要大量的保险标的。一方面，保险机构可以积累足够的保险资金，确保参保单位得到充分的保障；另一方面，根据大数定律，在预期的价值范围附近，风险出现的频率和损失的幅度可能有小的波动。换句话说，大量统一的保险标的确保了风险事件的数量和损失的价值在小范围内波动的可能性很高。显然，与预测值的偏离越小，保险公司的稳定性越好。这里提到的"大量"没有绝对的数字要求,它随保险品种的变化而变化。一般规则:损失概率分布的方差越大,则需要越多的保险要求。为确保业务的安全,保险公司经常运用再保险的方法转移彼此之间的风险。因此,庞大而集中的风险在全国各地甚至在国际上分散,可以提高被保险人的保障程度和保险人的安全性。

(五) 损失必须是偶然的

损失必须随机和意外地发生。所谓的"随机"是指风险超出了投保人可以控制的范围,并与投保人行为没有关系。如果被保险人蓄意行为造成的损失也会得到赔偿,道德风险将显著增加,这与保险原意是相悖的。此外,随机发生(或随机)损失也是应用"大数法则"的必要条件。

二 可保风险类型

从整个生命周期的角度来看,城市地下轨道交通项目的保险风险存在于各个阶段。城市地下轨道交通项目保险风险的主体部分位于建设期和运营期,即建设期的保险风险和运营期的保险风险。

在建设期间,保险风险包括灾害风险、土木工程与重建风险、设备购置安装风险、调试风险、恐怖主义风险等。

运营期间承保的风险包括旅客运输组织风险、车辆运营风险、设施保险风险、安全风险、恐怖主义风险等。

在建设和运营阶段,工程设施有可能遭到恐怖分子破坏。"9·11"事件发生之后,这一风险就已经出现。目前,全世界都把恐怖主义风险列为保单的除外责任。传统的保险市场往往不再为这种风险提供保险。对于可能遭受恐怖主义破坏的项目,应提供单独的保险协议,以确保对项目的保护。目前,国际保险市场承担的恐怖分子破坏风险能力约为5亿美元。

三 可保风险对应的险种

针对上述风险分析中的可保风险,将其进行具体分析和归类后,其分别对应的主要险种如表3-2所示。

表 3 - 2　建设期和运营期可保风险与险种对应

阶段	可保风险	保险险种
建设期	保险财产在列明的工地范围内，因本保险单除外责任以外的任何自然灾害或意外事故造成的物质损坏或灭失	建筑工程一切险、安装工程一切险
	工程施工过程中造成被保险人对第三者的法律赔偿责任	第三者责任险
	大型施工设备，如盾构机因意外事故、自然灾害所造成的损失	施工机器设备险
	采购的设备和原材料在运抵施工现场前在运输过程中的物质损失	运输险
	监理等非业主人员在建设期间因意外事故造成的人身伤害	人身意外伤害险
	所雇用的员工，在受雇用过程中，从事相关工作时，遭受意外而致受伤、死亡或患有与相关业务有关的职业性疾病，雇主根据雇佣合同，需负医药费及经济赔偿责任，包括应支付的诉讼费	雇主责任险
运营期	不可抗力引起的巨灾损失和火灾、爆炸等意外事故等造成物质损失的突发事件	财产一切险
	意外事故导致营业中断，进而造成的毛利润的减少	利润损失险（财产险项下）
	机器本身的机械或电气原因以及操作不善或恶意破坏等造成的损失，如机车操作不当造成的损失	机器损坏险
	所雇用的员工，在受雇用过程中，从事相关工作时，遭受意外而致受伤、死亡或患有与相关业务有关的职业性疾病，雇主根据雇佣合同，需负医药费及经济赔偿责任，包括应支付的诉讼费	雇主责任险
	因经营业务发生意外事故，造成第三者人身伤亡、疾病或财产损失	公众责任险
	在经营业务时，自然灾害以及意外事故致使被保险人所拥有的现金、钞票、支票、邮政汇票、旅行支票、餐券及信用卡单据等遭受损失	现金保险
	在营运过程中遭受自然灾害及任何突然和不可预料的意外事故的地铁运营公司营业中断而带来的间接损失，即预期毛利润的损失和营业中断期仍需支付的必要费用，如贷款利息	营业中断险
	在地铁公共场所针对公众的恐怖活动	恐怖活动险
	业主财物在运输过程中因为自然灾害及意外事故遭受的财产损失	货物运输险
	运营公司所拥有的机动车辆由于意外及自然灾害而遭受的物质损失及第三者责任	机动车辆险

　　表 3 - 2 中列出的某些类型的保险可以以附加险种的形式或以主要保险类别中的扩大条款的形式表示。例如，我国的第三者责任保险通常作为所有施工风险的附加保险，统称为建筑工程一切险的附加险。第三者责任保险也可以在财产保险的扩展条款中表达，如利润损失保险、雇主责任保险、恐怖活动保险、货物运输保险等。对于这些保险风险，如恐怖主义的风险，

目前在我国还没有相应的保险，只能通过扩展条款的规定将其纳入保险范畴。对于扩展条款，一方面要注意它的语言修辞，按照一定的规则，在特定的应用上适当修改，以确保风险转移。另一方面，还要注意保险范围和保险费用间的关系，使之尽可能全面地涵盖保险风险。但是，对于发生概率低、损失小的一些风险，保险金额可能高于其造成的损失，可以将其列于保险范围之外。

地下轨道交通的可保风险和相应的保险覆盖面很广，可根据具体的工程性质、工程保险期限和保险风险的类型选择适当的保险组合。城市地下轨道交通工程建设期保险的组合形式见表 3 - 3，城市轨道交通运营保险险种的组合情况见表 3 - 4。从项目生命周期的角度来看，建设期开始前，在投保建筑保险时，可以把建设期保险和运营期保险放置在同一保险单中，这样，一方面可避免建设期和运营期的过渡期间失去保险的问题，另一方面可以降低寿险周期的保险费用。

表 3 - 3　建设期保险组合

类型	险种及组合	设计特点
基本保障型	建筑工程一切险附加第三者责任险 + 安装工程一切险附加第三者责任险 + 人事意外伤害险	这些是轨道交通建设期的基本保险险种，可以将这些险种集中在一张保单中，避免分开投保造成的保单保障内容之间的缝隙与重叠
全面保障型	基本保障型险种 + 雇主责任险 + 施工机器设备险（运输险和恐怖活动险作为扩展条款）	这些险种基本包括轨道交通建设期所有可保风险，这些险种合并在一张保单中，具体保障范围还需要具体的扩展条款来确定

表 3 - 4　运营期保险组合

类型	险种及组合	设计特点
基本保障型	财产一切险 + 机器损坏险 + 公众责任险	这些是轨道交通运营期的基本保险险种，可以将这些险种集中在一张保单中，避免分开投保造成的保单保障内容之间的缝隙与重叠
全面保障型	基本保障型险种 + 现金保险 + 货物运输险 + 营业中断险 + 雇主责任险（运输险和恐怖活动险作为扩展条款）	这些险种基本包括轨道交通运营期所有可保风险，这些险种合并在一张保单中，具体保障范围还需要具体的扩展条款来确定

第四章

PPP 项目保险产品开发及可保风险管理研究

鉴于现代经济的高速发展，各国都高度重视公共基础设施的建设，但单靠公共财政资金是无法满足需求的。随着公共基础设施建设中公共财政地位的下降，民营企业在公共基础设施建设中发挥越来越重要的作用。在我国社会主义市场经济初级阶段，过分依赖政府来管理公共基础设施建设项目将不可避免地面临外国政府面临的问题。对于推动中国基础设施建设的私有化，PPP 模式在我国基础设施建设领域的引入具有极其重要的现实意义。政府已认识到 PPP 模式的重要性，提供了国家策略层面，以及法律法规方面的一些支持。

PPP（Public-Private Partnership），即政府和社会资本合作，是公共基础设施中的一种项目运作模式。在该模式下，私营企业、民营资本与政府进行合作，参与公共基础设施的建设。从各国和国际组织对 PPP 的理解来看，PPP 有广义和狭义之分。广义的 PPP 泛指公共部门与私营部门为提供公共产品或服务而建立的各种合作关系，而狭义的 PPP 可以理解为一系列项目融资模式的总称，包含 BOT、TOT、DBFO 等多种模式。狭义的 PPP 更加强调合作过程中的风险分担机制和项目的衡工量值（Value for Money）原则。按照广义概念，PPP 是指在公共部门与私营部门合作过程中，让非公共部门所掌握的资源参与提供公共产品和服务，从而实现合作各方达到比预期单独行动更为有利的结果。

第一节　PPP 项目特征

PPP 项目具有如下特征。

一　实现了公共部门与私营部门的高效合作

在 PPP 项目中，可以同时发挥出公共部门的规划与协调优势，和私营部门的资金、技术、管理优势。在该模式下，不仅可以解决政府资金短缺、管理效率低下的问题，还可以实现民营资本的多选择投资。

二　具有特定的期限

PPP 项目的一个显著特点是它有一个许可期限。当特许权到期时，项目宣告结束。一般而言，项目周期从项目开始到产品或服务供应不能继续为止。特许期的持续时间对项目的成功也有重大影响。特许权的合理期限可为项目营造一个良好的环境。每个 PPP 项目的特许经营期是不一样的，为 15～30 年，并主要根据投资回收期来计算。

三　参与主体多元

PPP 项目通常由政府发起，社会资本参与项目，为项目提供融资及技术和管理支持。政府在 PPP 项目中扮演着重要的联络和领导角色，为公众提供公共产品和服务，利用私人投资者的优势。私人投资者包括金融机构（主要是银行）、承包商、材料和设备供应商、运营商等。参与项目的各方都有不同的目标。对于政府机构而言，它们与私营部门合作，通过合理投入及公众参与基础设施和其他公共服务来有效地配置资源，以确保实现更高的社会效益，而私营部门参与 PPP 项目的主要目标是获得预期的好处。PPP 项目参与方的不同目标导致项目实际运行的高度复杂性，主要体现在投资分配、风险分配和各方收益分配上。为了实现 PPP 项目的最终成功，PPP 项目各方必须做好顶层设计，充分平衡彼此利益，确保项目的有效实施。

四　能够实现较为合理的风险分担

公共部门和私营部门按照双方签署的特许协议进行合作，在具体合作中遵循收益分享和风险分担的一般原则。在签订特许权协议之前，公私部门通常会进行协商。谈判的主要问题之一是风险的分担。在具体风险分担过程中，一般以风险控制、盈利能力和承担风险的意愿来描述风险各方，最后确定风险的最佳承担方式。因此，采用 PPP 模式的项目可以实现更合理的风险分担。然而，在 PPP 模式逐步完善阶段，在一个具体的应用过程中，还存在一些问题，而且有一些 PPP 项目的风险分担不合理。但随着越来越多 PPP 项目的开展，人们对 PPP 项目越来越熟悉，最终 PPP 项目可以实现合理的风险分担。

五　其中政府部门的角色发生了转变

在相当长的时间内，公共部门一直是公共产品或服务的供应者，政府在 PPP 项目中的角色经历了从公共产品的提供者向监督者的转变。微观项目管理一般不是政府部门的强项，从事类似的工作时，政府部门往往效率低下，私营部门的参与不仅带来了巨额资金，而且能从根本上帮助政府解决技术不到位、管理效率低下的问题。结果是，政府机构自然而然地把它们在 PPP 项目中的角色转变为监督者。

第二节　PPP 项目分类

PPP 可以分为外包、特许经营和私有化三大类。

一　外包类

PPP 项目一般由政府投资，私营部门承包整个项目中的一项或几项工作，如只负责工程建设，或者受政府之托代为管理维护设施或提供部分公共服务，并通过政府付费实现收益。在外包类 PPP 项目中，私营部门承担的风险相对较小。

二　特许经营类

PPP 项目需要私营部门参与部分或全部投资，它们通过一定的合作机制与公共部门分担 PPP 项目的风险，并分享 PPP 项目的好处。按照 PPP 项目的实际收益率，公共部门可以收取一定数额的特许权使用费或做出一定的补偿，这就要求公共部门协调私营部门之间的利益。因此，特许公私合作项目的成功在很大程度上取决于政府有关部门的管理水平。由于建立了有效的监管机制，特许公私合作项目可以充分发挥各自优势，节约整个 PPP 项目的建设和运营成本，同时提高公共服务质量。公私合作项目资产最终留在公共部门，因此所有权和使用权的全面转移要求私营部门在合同签订后将公私合营项目的使用权和所有权转让给公共部门。

三 私有化类

PPP 项目要求私营部门负责项目的所有投资，并在政府验收运营后自政府收取使用费来实现利润。由于公私合作项目的所有权一直是私有的，并不具有有限追索的特点，因此私营部门在这种公私合作项目中处于风险最大的状态。

第三节 PPP 项目风险因素分析

一 政治风险

政治风险主要是指由于本地区政府部门干预贷款和决策而导致的主权、法律、税收和项目建设或运营风险。政治风险可以分为宏观和微观两个方面。宏观方面包括政治稳定以及战略和政策的连续性和完整性。微观方面包括地方当局的工作计划、决策能力、信誉和群众关系。主权风险主要取决于政治因素，包括国际事务、国家权力、政策变化、国家领导班子变动、军事事件等。这些因素可能导致项目合同不能继续或设施遭到损坏或严重损坏等，造成项目不能顺利进行。在立法和税收方面，由于国内外立法和监管政策的差异，以及地区之间的法律法规、税收政策等方面尚不相符甚至相差甚远，跨境贷款项目可能面临合同纠纷和矛盾，影响 PPP 项目进展。

除上述因素外，政治风险还与腐败的政府文化有关，也就是说，一些地方政府官员可能为了谋取私利而滥用权力，导致项目成本增加。

二 经济风险

经济风险包括金融风险和财务风险两方面。金融风险与和财务因素相关的风险有关，如利率、汇率和物价的变化。财务风险与项目融资和工作风险有关，也高度依赖财务风险。在我国，PPP 项目的资金主要为来自公共部门和私营部门的投资，以及受金融市场严重影响的银行等金融机构的贷款。建设 PPP 项目所需的资金是巨大的，所以，金融风险对项目的顺利进行影响很大。利率和汇率的变化可能导致项目的成本增加。由于原材料、劳动力和技术成本上涨，通货膨胀也将导致项目成本和经济风险的显著增加。

三 法律风险

法律风险主要是指法律制度不完善，项目参与方的违约造成项目失败的风险。在 PPP 项目的建设和运营过程中，需要一套可靠的法律法规体系来解决可能的纠纷和冲突。缺乏法律支持，项目将因一方违约或不履行合同等冲突和纠纷而失败。尽管 PPP 模式很普遍，但我国的法律和政策相对落后于实践，缺乏有关 PPP 的具体法律法规，现有的一般法律、法规不太稳定，缺乏权威性和相关性。由于我国没有明确完善的具体法律规定，股权转让和特许经营权规定与 PPP 建设项目存在矛盾。在盈利规范方面，没有明确的法律规定，缺乏权威性和针对性，导致投资者面临法律风险。与此同时，中央法律法规与地方法律法规的不一致性问题也限制了社会资本的参与。例如，现行的贸易法律禁止对招标文件的条款进行重大修改和完善，也禁止在评估申请后进行谈判和协商。由于缺乏法律法规的灵活性，PPP 模式难以实现。目前，我国尚未发布 PPP 项目的会计准则。因此，在 PPP 项目的核算和评估中存在模糊的边界和不规范的核算方法等问题。

四 建设风险

建设用地使用权取得的不确定性、建设项目变更、材料供应、技术装备等诸多因素，可能会导致项目延迟竣工甚至无法完工。除此之外，还有成本超支、质量不好、破坏环境等诸多问题，不仅导致项目不能按时保证质量地完成，还会对项目的运行产生重大不良影响，甚至导致整个项目的失败。

五　运营风险

运营风险也可以被称为市场风险。PPP 项目建设完成后，进入运营阶段。在这个阶段，项目将面临类似项目的竞争、市场需求变化、关税调整、运营成本增加、收入不足、产品损失和其他风险。如果项目在运营后收入不能达到投资成本恢复或预期的效果，将给项目参与者造成沉重的压力，长期下去项目可能面临失败。运营风险出现的原因有以下几个。一是市场收入不足。项目运行后，收入不足以提供投资回报或预期利润，导致市场利润不足的风险。二是项目竞争的风险。项目期间，政府或其他投资者建立或恢复其他项目，为项目商业竞争创造风险。这些风险通常会导致一系列相关的后续风险，如需求变化、市场收益率下降和信用风险。三是国家信用风险。由于政府不履行合同或拒绝履行合同规定的义务，直接或间接损害了项目本身和当事人的利益，导致风险增加。

六　不可抗力风险

这种风险是不可预测、不可控的，主要是由地震、洪水等自然灾害造成的不可预见的损失。一旦出现这种风险，项目参与者很难以任何方式预防和规避，项目经常遭受挫折甚至停止。例如，江苏省某污水处理厂项目因"非典"而导致谈判中断，从而导致项目失败。

第四节　PPP 项目的风险分担原则、流程和机制

一　项目风险分担原则

适当地分散项目风险在 PPP 项目中是非常重要的，这关系到它能否顺利地开展以及是否能够成功实施。分担 PPP 项目的风险比较困难，随着越来越多的利益相关者的参与，往往需要通过相互合作，才能最终达到"双赢"的局面。因此，对于项目进展顺利，项目风险合理分担尤为重要。如果项目要顺利进行，项目风险必须被合理分担。目前，国际上认同的项目

风险分担原则包括以下内容。

（1）风险必须分配给有控制能力的一方。这是项目风险分担的最基本原则，为项目风险分配奠定了基调。

（2）双方无法控制的风险引入第三方进行控制。面对该项目的参与者无法控制的风险，如不可抗力、战争等，应当投保由保险公司作为第三方机构承担的风险。对于许多项目，特别是大型项目来说，保险是避免亏损的重要途径。通过向保险机构支付费用，将这部分风险转移给保险机构。

（3）在项目中还有很多被低估的情况。例如，在项目实施过程中，项目参与者可能会遇到不可预见的情况，加大项目风险，导致比以前预期的更多的损失，超越一方的承受能力，如果发生这种情况，项目参与者必须确定风险承担上限值。

因此，综上所述，可以归纳出项目风险分担应该注重以下三条基本原则：

①风险应该分配给有能力的人；

②项目参与者不能介入保险机构的风险；

③各方承担的风险都有上限。

二 项目风险分担流程

对于在 PPP 项目利益相关者之间实现合理的风险分担，一个重要的因素，也是 PPP 项目成功的关键，就是实现风险分担结构的合理性与项目参与方之间的双赢，即代表政府的公共部门和代表投资者的私营部门之间实现双赢。一般来说，PPP 项目是投资大，建设周期长的项目，风险很大。其中一些项目风险来自公共部门本身，比如政治风险，所以公共部门必须承担所有这些风险。但是，私营部门的投资旨在取得一定的收益，收益和风险是相联系的。因此，私营部门也应承担适当的项目风险。所以，我们可以将参与 PPP 项目的各方分配给公共部门和私营部门。

在 PPP 项目中，由于具有特殊地位，公共部门占主导地位，因此在风险分担上有更强的表现力和充分的发言权。PPP 项目风险分担的目标是尽量减少项目风险社会化的成本，即实现项目风险的最优分配。风险的最优分配有一些先决条件，只有在这些条件下，风险才能得到最佳的分配。有几个基本的先决条件：

①分担项目风险时，假定只有两个参与者，分别代表公共部门和私营部门；

②风险因素不相互依存，即整个项目风险的最优分配是基于各风险因素的最优分配；

③本项目无风险因素无法识别和评估；

④参与项目的民营企业和政府应当具有对称的风险信息；

⑤公共部门和私营部门在有风险时都有可能采取适当的防范措施；

⑥项目风险未超过融资方允许的限度。

项目风险的分配往往是项目成功的关键，它贯穿项目的全部生命周期。本书参考国内外学者的研究成果，结合上述风险分担原则，制定了项目风险共担的流程，具体如图4-1所示。

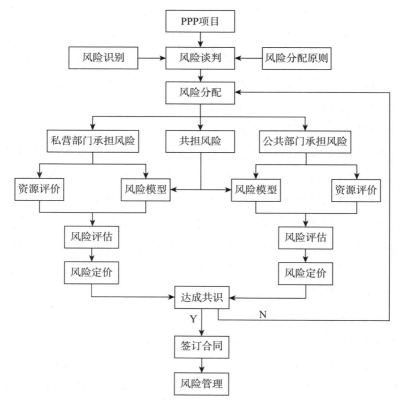

图4-1　PPP项目风险分担流程

三 项目风险分担机制

合理的风险分担机制应遵循一定的原则，并必须有两个功能。第一，结果可以减少损失，风险管理的成本可能降低。各方并不需要为对方未能处理好自己应当承担的风险而承担责任，因此 PPP 项目具有很强的吸引力。第二，结果在项目周期内有助于各方理性和谨慎地做出行为，这意味着各方必须为控制风险和促使项目成功而努力。因此，PPP 项目应该建立公平合理的"利益共享与风险分担"机制，能够充分利用公共部门和私营部门的优势。

（一）约束机制

约束机制，就是指哪一方对风险有最强的控制能力，哪一方就承担相应的风险。其中一方最有能力控制风险因素意味着它能够更好地降低风险和控制风险损失，从而最大限度地降低风险控制的成本。同时，由于风险在一方控制之下，因此项目参与者具有努力管理控制风险的动力。公共部门根据私营部门的反馈信息，把项目的基本情况和风险因素汇总，发给初步候选人名单中的专家小组（专家小组由有 PPP 项目工作经验的工程技术人员和研究机构的专家学者组成）。

公共部门要汇总统计资料进行系统分析。系统分析遵循少数服从多数的原则。如果有超过50%的受访者认为公共部门对这种风险的控制能力最强，那么就将该风险编入"公共部门"。同样的原则也适用于"私营部门"。如果百分比不超过50%，则风险因素被视为第三种情况——公共部门和私营部门都没有控制能力。对于公共部门和私营部门都不存在控制风险能力的风险，如不可抗力风险，可将其转让给保险公司，让保险公司承保，但需支付高昂的保险费。

（二）激励机制

激励机制，即一方承担的风险程度与其得到的回报相对应。也就是说，获得利润的可能会随着风险的增加而增加。由于承担特定风险因素不易量化考核，对于公共和私营部门不能控制的风险因素，只能构建一个合理的激励机制。而这个激励机构是创新的，取决于具体的项目环境。集团成员把自己的一部分资金转化为股东的贷款。这些在债权中处于最低层次的贷款，只有在偿还所有其他类似准股票的贷款后才能得到偿还。由于这些资金仍由集团成员提供，所有权结构的变化不会影响项目贷款的比例。当项目投资回报率高于股东贷款利率时，集团成员的收入将减少。但如果项目不起作用，集团成员在收到股息之前至少可以从股东那里获得贷款利息。

（三）协商机制

在谈判过程中，公共部门面对许多将要参与某 PPP 项目的私营机构，也就是说要面对一对多的谈判，这可以通过两种方式来实现。第一种方法是顺序谈判，即公共部门按照顺序接连与私营机构进行磋商；第二种方法是平行谈判，即公共部门同时与一些私人组织谈判。有条不紊的顺序谈判，在一个谈判流程结束后，公共部门才开始新的谈判流程，谈判时间长，但易于实施。平行谈判是同时进行的，可以方便比较对方意见的利弊，有利于取得最佳的协商效果，但是，控制机制难以实现。全面比较两种方式，公共部门应当采用平行谈判机制。

第五节　PPP 项目保险产品

根据项目情况，可以开发和设计不同类型的保险产品。工程项目主要有以下保险产品：主体工程的保险、附加和临时工程保险、施工设备和施工车辆的保险、其他工程和附加险、建筑工程第三者责任险、施工人员意外工伤事故保险（雇主责任保险）。

第五章

轨道交通项目 PPP 模式的风险
承担机制研究

将 PPP 模式引入城市地下轨道交通建设的目的是吸引社会资本参与城市基础设施建设，解决城市快速发展的资金短缺问题，以及为不断成长的民营企业提供了一个良好的发展平台。然而，PPP 项目的参与者不会改变自身利益最大化的初衷，在项目的所有条款和协议中，通常很难就风险分担计划达成一致。例如，超出其自身承担风险能力去承担风险，或分配各方不希望承担的风险。合理的风险分担机制已成为影响 PPP 项目施工时间、成本和利润的决定性因素之一。

第一节　国内城市地下轨道交通 PPP 模式概览

一　国内城市地下轨道交通 PPP 模式应用情况

综观轨道交通 PPP 项目，虽数量众多，但究其实质，大部分是通过 PPP 模式解决项目融资与建设问题，甚至是单纯地以融资为目的，真正引入外来优秀的运营商提升当地轨道交通运营及管理水平或增强行业内竞争态势的情况并不多见。2016 年，全国城市轨道交通运用 PPP 模式的项目就有 25 个，其中，采用整体 BOT（Build-Operate-Transfer，即建设—运营—移交，政府授予项目公司建设新项目的特许权时，通常采用这种方式）模式的有 17 个、采用部分 BOT 模式的有 5 个、采用网运分离模式的有 2 个，具体情况见表 5 -1。

表 5 - 1　2016 年国内城市轨道交通 PPP 项目汇总

序号	项目名称	动作模式
1	芜湖地铁 1、2 号线	整体 BOT
2	西安地铁 9 号线	整体 BOT
3	乌鲁木齐 2 号线	整体 BOT
4	乌鲁木齐 3 号线	整体 BOT，建设期 5 年，特许经营期 30 年
5	乌鲁木齐 4 号线	整体 BOT，建设期 5 年，运营期 30 年
6	昆明地铁 4 号线	整体 BOT
7	昆明地铁 5 号线	拆分成 A、B 两部分，分别 BOT
8	昆明地铁 9 号线	整体 BOT
9	福州地铁 2 号线	整体 BOT
10	呼和浩特地铁 1 号线	B 部分 BOT
11	呼和浩特地铁 2 号线	B 部分 BOT
12	大连地铁 5 号线	整体 BOT
13	合肥地铁 2 号线	B 部分 BOT
14	亦庄新城有轨电车	整体 BOT
15	广州地铁 11 号线	整体 BOT
16	徐州地铁 3 号线	网运分离，建设养护模块 BLMT
17	徐州地铁 2 号线	网运分离，建设养护模块 BLMT
18	重庆地铁 9 号线	整体 BOT
19	青岛红岛—胶南城际轨道交通	采取股权合作 + BOT 运作方式，特许经营期暂定为 25 年
20	青岛地铁 1 号线	整体 BOT，特许经营期暂定为 25 年
21	青岛地铁 4 号线	整体 BOT
22	贵阳地铁 2 号线	整体 BOT
23	北京新机场轨道线	B 部分 BOT
24	南京地铁 5 号线	整体 BOT
25	三亚有轨电车	整体 BOT

资料来源：葛梦溪、李亚军、徐志刚等《城市轨道交通 PPP 项目实施方案设计关键点的探讨》，《中国政府采购》2017 年第 9 期，第 42 ~ 45 页。

二　PPP 项目运作特点

PPP 模式的典型形式是在公共采购中标以后，中央政府或当地政府与项目公司签署特许权协议。项目公司通常是有竞争力的建筑公司、服务公司或第三方投资成立的项目公司，它们为公司提供资金，负责项目施工建造和管理。通常有一个隶属于政府的金融机构提供信贷，与项目公司签订协议，向项目公司提供贷款。这种融资形式的实质是，政府通过交换给予私人公司长期特权和利益来加速基础设施的建设和实现其高效运作。

（一） PPP 是一种新型的项目融资模式

PPP 项目的融资是项目融资的一种形式，基本上是按照项目预期收益、资产和政府支持措施来进行，而不是取决于项目投资者或赞助商。项目管理的直接收益和政府支持的收益是偿还贷款的资金来源。项目公司的资产和政府提供的有限责任是信用担保。

（二） PPP 融资制度有助于提高项目效率、降低项目风险

这是目前多数项目融资模式所欠缺的。政府与私营企业在特许协议的基础上不断进行合作，双方共同承担项目整个运作周期的风险。开展民营企业参与的 PPP 项目可行性研究，做好城市轨道交通建设的准备工作，推动项目获得批准，不仅可降低民营企业的投资风险，还有助于有效控制项目的建设和运营，有利于降低项目投资风险，更好地保护项目利益。政府和私营企业共同推动 PPP 项目可以缩短建设周期，降低项目运营成本，甚至在降低负债率方面具有现实意义。

（三） PPP 模式在一定程度上可以提供"有利可图"的民间资本

私营部门的投资目标是寻找有回报的项目，无利可图的基础设施项目很难吸引私人资本。PPP 模式下，政府可以向个人投资者提供适当的政治支持作为补偿，从而很好地解决了一系列问题，政治支持包括税收优惠、贷款担保、用地保障和其他优先发展民营企业的优惠政策。这些政策的实施可以提高民间资本投资城市轨道交通项目的积极性。

（四） PPP 模式要以降低投资负担和国家基本建设风险为前提，提高城市轨道交通服务质量

在 PPP 模式下，公共部门和私营企业参与城市轨道交通的建设和运营。私人公司参与项目可能会增加项目资本金的范围，从而减少高负债率的资产，这将不仅简化政府投资融资工作，还可以将项目的风险部分转移到民营企业，从而降低政府的风险。同时，双方可以达成互利的长远目标，更好地为社会和公众服务。

三　BOT 项目的特点

BOT 项目作为 PPP 项目的主要形式，整个过程的风险由政府和私人机构分担。当特许期限结束时，私人机构按约定将该设施移交给政府部门，转由政府指定部门经营和管理。

（一）BOT 方式的优点

（1）降低政府的财政负担。

（2）政府可以避免大量的项目风险。

（3）组织机构简单，政府部门和私人企业协调容易。

（4）项目回报率明确，严格按照中标价实施。政府和私人企业之间的利益纠纷少。

（5）有利于提高项目的运作效率。

（6）BOT 项目通常由外国的公司来承包，这样会给项目所在国带来先进的技术和管理经验，即给本国的承包商带来较多的发展机会，也会促进国际经济的融合。

（二）BOT 方式的缺点

（1）公共部门和私人企业往往都需要经过一个长期的调查了解、谈判和磋商过程，以致项目前期过长，投标费用过高。

（2）投资方和贷款人风险过大，没有退路，使融资举步维艰。

（3）参与项目各方存在某些利益冲突，对融资造成障碍。

（4）机制不灵活，降低私人企业引进先进技术和管理经验的积极性。

（5）在特许期内，政府对项目的控制权会减弱甚至丧失。

四　BOT 项目各参与方的利益

（一）项目发起人

项目的发起人，是未来的首要股东，分担项目开发的一定费用。BOT 项目完成后，债务和资本的份额必须明确界定，项目发起人必须对股份做出一定的承诺。在合同约定的同时必须指出资金条款的具体规定，当股东自身建设基金不足时，明确新有资金来源或贷款渠道，以避免资金短缺问题。该项目主办单位有权在股东大会上列出股东名单和资产分配特许权协议条件，如政府拟转让资产表决权、股东拥有的第二优先级、其他债权人等，从而确保项目公司在中立方的监控下，保护项目赞助商的利益。

（二）购买服务商

在项目策划阶段，项目发起人或项目公司必须与产品的购买者签订长期购买协议。产品买家必须有悠久的盈利历史和良好的信用保证，购买期限不得低于 BOT 项目的贷款期限。产品的价格也应该足以让项目公司充分收回资金，以及足以支付贷款和股息的本息，赚取利润。

（三）债权人

贷款人必须提供项目公司所需的所有贷款，并按照协议规定的条款和条件付款。当政府计划转移资产或抵押资产时，放贷人对于获得资产和抵押贷款至关重要；项目公司必须征得债权人的同意才能提出新的建议；债权人应该得到合理的利益。

（四）建设发起人

BOT 项目的建设发起人必须拥有强大的施工队伍和先进的技术，必须按照协议规定的条件进行施工。为充分保证施工进度，要求建设发起人业绩良好，必须有可靠的保证担保。项目完成后，需要进行验收和性能检查，验证设计是否适合项目。项目发起人和赞助商未履行合同，或者没有完成任务，将被罚款。

（五）保险公司

保险公司主要对责任风险实施保险，承保的风险包括：业务中断风险、一般责任风险、政治风险（战争、没收财产），等等。由于这些风险是不可预知的，可能导致巨额损失，要求保险公司有较高的财力和信贷能力，普通中小保险公司承担不起这种保险。

（六）供应商

供应商负责向必要的项目公司提供设备、燃料、原材料等。供应商必须有良好的信誉，以及强大而稳定的盈利能力，在优惠期间长期、稳定地满足建设方的燃料、原料需求，并能提供为期不短于成熟期的燃料（原材料）供应。在供应合同中应明确标明投标价格，政府和金融机构为供应商提供担保。

（七）运营商

项目完成后，运营商负责运营管理。为了保持业务连续性，项目公司和运营商必须签署长期合同，期限至少应该等于还款期限。运营商应该是 BOT 项目的专家，具有较强的管理能力和较高管理水平，在项目管理上具有丰富的经验。在运营中，项目公司每年编制项目的预算支出，列出成本计划，并限制运营商的总成本。对超支或少支资金的应该有一个适当的惩罚和奖励制度。

（八）政府

政府是 BOT 项目成功的关键因素之一。BOT 项目实施过程中政府对 BOT 的态度和支持，直接影响到项目的成败。在本书的后续章节中，将详细解释政府在 BOT 项目实施中的作用。

第二节　PPP 项目风险分担框架

客观公平地分配 PPP 项目风险是 PPP 项目成功实施的关键。在工程实践中，以 PPP 模式建立城市轨道交通项目风险分担机制，对于有效解决风险分配中的 Who 问题（最有能力的接受者）和 How 问题（替代方案）是非常有必要的。通常情况下，根据对象和 PPP 项目风险分担内容的不同，可以合理划分风险分担。图 5-1 中系统地划分了 PPP 项目的风险分担，接下来详细介绍基于轨道交通 PPP 项目不同阶段的风险分担过程。

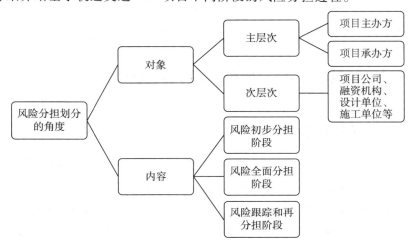

图 5-1　PPP 项目风险分担划分

一 风险初步分担阶段（可行性研究阶段）

在此阶段，PPP 项目发起人通过可行性研究基本确定风险因素，并根据常规因素确定哪一方应承担风险。在现阶段主要由 PPP 组织者，给相关单位分配合理的风险份额。对于那些已经决定但尚未完全确认的单位来说，它们自己的风险往往仍然处于分担风险的评估阶段。

二 风险全面分担阶段（投标与谈判阶段）

如果归责不明确，则需要运用风险因素法分配风险，根据影响风险分配的可用性较强的风险因素和风险损失等，构建合适的风险分配模型，形成科学的、统一的、有效的交换风险机制。对于整体风险分担，按照业务类型可划分为业主义务、主办方义务和双方承诺三类。

三 风险跟踪和再分担阶段（建设和运营阶段）

对于 PPP 项目的风险分配，在该阶段的步骤是检查公共部门和私人机构之间的合同，签署后期可能出现的危险分配协议。看看是否有某种突然变化或风险，如果没有发现，流程结束。这也是这个阶段的主要任务。如果出现未识别的风险，必须首先对项目的优劣进行评估，并尽快改变被认为是有害的项目风险分配方案，按照前述原则进行重新分配风险。如果确定这种变化对于项目是有利的，双方应该分享正面影响的好处。

轨道交通 PPP 项目的风险分担流程如图 5－2 所示。

第三节　PPP 项目风险分担模型

一 模型建立考虑的因素

PPP 模式的引入是比较短暂的，很多人对它不够理解。由于理解不完全，当然会出现很多不可避免的错误。影响风险分担的因素还有很多，如 PPP 模式引进的时间短、相应的制度环境还未完善、我们也没有相关的实践经验、人员流通也没有相应的标准。但是，随着这种模式的不断推出，各种实践经验越来越多，相应的理论研究也逐渐趋于成熟。当然，项目风险

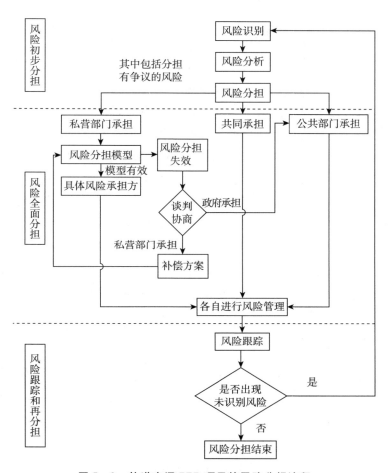

图 5 - 2 轨道交通 PPP 项目的风险分担流程

共同管理的结果是不同的。综合内外部影响，内容影响因素更为重要。因此，在本章中，在创建风险分担模型时，决定忽略外部因素，只考虑以下重要因素：

①对于指标体系的各项指标，应充分考虑创设中应遵循的原则；

②忽视外部影响；

③专家评估结果的准确性直接影响分配结果；

④模型进行风险的最终分配时，必须满足利益和风险满足的原则，也就是说，风险越高，回报越大。

二 模型的基本框架

本章建立的风险分配模型是基于相似价值的改进方法，以促进客观合理的风险分担。最初，把评价标准定位于同等权重，仅限于一种整理善恶的数值方法，这个过程是公平和简单的，结果一目了然。为什么引入权重的方法来确定各评价指标的份额，究其原因，是亲密值的方法通常有相同的缺省加权因素，这不符合实际情况，容易带来一个很大的错误评价结果。

为了消除等权重评价法的缺点，使其更加完善，本章在原矩阵归一化的基础上实现了差分法。这不仅仅使结果更完整，更重要的是使结果更容易理解。指数和数量级的差异可以通过一种改进的亲密价值的方法被有效地消除，并且计算比以前简单。熵权法被用来确定每个估值指标的份额，结果更公平客观。同时，每个评价方案都会有自己的特点，差异会越显著、越明确、越大。以下两点是本章的思路（见图 5-3）。

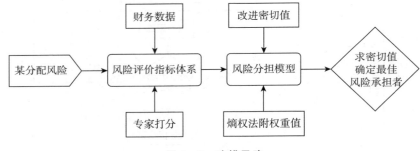

图 5-3 建模思路

（1）建立风险评估指标体系。

（2）模型的创建应基于一种改进的方法来确定门限值，即使用熵的方法，按照每个因素的比例，运用对象差分的引入速率，使运算可以取得更标准化的结果。

三 风险评价指标体系

所谓风险评价是对风险基本面的评价，结合其他因素，对风险、损失程度的可能性进行全面检查，评价风险概率和损失程度。运用定性分析和定量分析的方法有助于消除不可预见的风险因素。

风险评价是 PPP 项目实施阶段风险管理措施选择的重要依据。风险评价主要是从定性和定量的角度进行。定性方面是研究风险的重要性和相关性。定量方面就是利用计算模型和损失的大小对风险进行量化。

四　风险分担模型建立

评价 PPP 项目的风险分担模式有很多种方法。本章所采用的评价方法是根据既定的评价指标体系，遵循密切值法的原则，改善原有的密切值法，并最终建立一个模型。

由于采用了近似值法，它具有结果客观、计算简单等优点，因此，密切值法是一种有效的综合评价方法。城市轨道交通 PPP 项目中的最佳风险分担者的选择是一个可行的解决方案。在风险分担问题上，可以从中筛选出最佳风险承担方。

这种评估方法主要分为三个步骤。

第一步是收集每个评价主体的指标值。除专家和经理人评分的个人定性指标外，其他指标值可以采用适当的财务数据和一些原始的统计数据。

第二步是确定每个评价指标的权重。在这个过程中，我们使用熵权法则。

第三步是通过改进的密切值法计算每个评价主体的密切值。

第四节　PPP 项目风险分担机制

一　风险分担的效果界定

城市轨道交通 PPP 项目风险分担的合理途径是：风险分配到各个相关主体后，每个参与方都有能力独立承担风险。在这种风险分担方法中，整个项目的风险管理成本最低，风险发生的概率最低，风险事故发生后损失最小。对于城市轨道交通 PPP 项目，风险分担的最终效果可以体现在两个方面：提高效率和降低效用。

二　风险分担的制度设计

基于对风险分担机制的内涵透彻和全面的了解，结合城市轨道交通项目 PPP 模式下的风险和风险分担过程的特点，本章侧重于行为导向系统的两个主要方面，并进行归一化处理。

（1）行为导向系统的设计。在分担风险的情况下，城市轨道交通 PPP 项目中每个参与者的具体行为都将局限于行为体系。总的来说，参考人力资源管理理论中的激励理论，可以开发一个行为导向的体系。从这个角度来看，风险分担激励的发展实际上是一种面向行为的设计。

（2）行为归化制度的建构。行为归化实际上是一个系统的方法。在这一方法下，风险分担者行为将统一化，如果有关风险分担违反行为规范或没有达到要求，风险分担者将受到相应的惩罚。面向行为的制度实际上是一种激励制度，鼓励项目参与者做出与风险分配相关的行为。相反，行为导向制度实际上是一种制约制度，限制了项目目标的不均衡分配。这两个系统也是相辅相成的。在 PPP 模式中，有多个风险共担主体分担城市轨道交通项目的风险。不同主体的风险偏好不同，预期风险带来的损失程度和风险控制的可能性都不可避免地存在客观差异，风险的分配结果将受到影响。

因此，对于不能实现项目风险分担目标的人来说，惩罚和约束是非常有必要的。以下是关于设计归化系统行为的三个主要方面。

（1）经济损失承担制度。风险分担的主要目的是确定哪一方应当承担风险，进行风险管理成本评估，并尽量降低风险可能性，将相关风险损失降至最低。由于城市轨道交通 PPP 项目的一些风险因素具有高度的不确定性，一些风险参与者有意识地忽略了控制风险的责任，最终导致巨大的损失。因此，PPP 模式需要合理地开发城市轨道交通项目经济损失风险控制系统，这样，所有参与者对风险的控制就可以被这个系统所抑制。

（2）壁垒系统的设计。防止项目参与者仅仅从自身利益出发，采取不利于整个项目的行动是发展壁垒体系的主要目标。项目参与者的上述行为在一定程度上影响了风险分担的目标。因此，有必要抑制项目参与者的这种行为。壁垒系统可以分为经济壁垒系统和非经济壁垒系统。经济壁垒体系是一种专门设计的经济壁垒，它是为了避免项目参与方由于风险分担仅仅考虑自身利益而导致的经济损失。非经济壁垒体系指的是在没有设置经济壁垒的情况下的其他壁垒制度。

（3）惩罚制度的设计。惩罚制度的目标正是那种受壁垒制度限制的行为。这两个制度在一个制度体系中是相辅相成的。在 PPP 模式城市轨道交通项目风险分担的实践中，主要采取司法处罚、权力制裁、信誉制裁、经济处罚等惩罚性措施。这些惩罚措施主要针对与风险分配相关的参与者的行为，以达到风险主体按照正常合理的行为行使自身权力的目标。

第五节　针对各个风险分担主体制定的相应措施

在城市轨道交通 PPP 项目框架内完成风险分配制度建设后，在此基础上，根据风险分担情况，制定以下措施，分解项目风险直到该项目成功实施。

一　政府部门

在 PPP 模式下的城市轨道交通项目中，政府机构发挥"领导者"角色，主要承担政治风险以及一些公共政策的风险，是主要风险类型的承担者。政府部门主要面临政治风险，在这些风险面前，可采取有关的奖励措施和合适的项目法人激励措施，让其他参与者对关键设计权（如监督权、发言权）表达不同的意见。从而，它们对政府应主动承担的一些风险发挥了监督的作用，而且约束了政府在风险承担过程中的某些行动，使政府部门客观合理地分担一定的风险。

二　私营部门

对于私营部门而言，大部分涉及某种商业活动，所有这些活动都是为了盈利。它们面临的主要风险是市场竞争风险、客运风险以及核心业务收益不足的风险。为确保私营部门顺利分担与管理相应风险，我们可以通过政府奖励给予一定的激励，如创建奖励制度，对控制风险较好的私营部门进行奖励。该制度的采用不仅可以显著提高风险承担主体的风险控制积极性，还可以有效合理地实施风险分担。在这里，以风险控制成本为基础来奖励私营部门的关键是看监管风险对项目整体有效性的贡献。

三　其他项目参与方

在城市轨道交通 PPP 项目中，其他参与者主要是承包商、保险公司、信贷机构。承包商在项目过程中主要面对的一些风险因素有：施工期延误、工程质量不合格、施工成本过高等。由于承包商面临这些风险，我们可以在经济激励措施方面给予一定的支持，比如对于施工期延误的风险，我们可以采取经济奖惩制度和措施。这意味着承包商有效地控制了施工期，考虑到施工期得到及时控制，它将得到一定的经济回报。如果工期超过合同约定，类比累进税制度，风险控制的程度将分为不同的等级，对不同等级适用不同的经济处罚。这种方法可以应用于其他风险管理，以便用经济手段遏制承包商必须承担的主要风险。信贷机构主要承担通货膨胀风险和利率变化等风险。保险公司主要承担一些不可抗力的风险，而对另一些应承担的责任，视情况而定。在这些参与者中，可以采取诸如评估措施和激励措施等来激励主要风险分担机构。其中，考核奖励一般是指基于与风险分担相关的各行为实体的评分制度，考核其整体得分以及对风险的分担贡献，对项目风险分担的过程中得分较高者给予经济奖励，这使得风险分担的其他参与者争相有好的表现，利于项目风险分担。

第六章

国内外城市轨道交通 PPP 项目的可保风险管理工作特点及借鉴

——以北京地下轨道交通 4 号线、14 号线、16 号线和杭州地下轨道交通 1 号线等为例

自 2013 年底国务院倡导大力发展 PPP 模式以来，至今近 30 个省份启动了 PPP 试点，推出了 2000 多个招商项目，项目总投资额近 4 万亿元。其中，轨道交通领域是重点。据初步统计，到 2020 年，我国城市轨道交通里程将达到 10000 公里，总投资约 5 万亿元，投资需求量大。财政部发布的两批次、共 233 个 PPP 示范项目中，轨道交通项目总投资达 3000 多亿元，占全部示范项目投资额的近一半。

第一节　国内外城市轨道交通 PPP 项目案例

一　世界七大城市地下轨道交通运营情况分析

（一）运营情况

目前，新加坡拥有总长度为 109.4 公里的地下三层铁路线，主要由新加坡地下轨道交通有限公司 SBS 运营。新加坡地下轨道交通有限公司是国有控股上市公司，共运营总长度为 89 公里的 2 条线路（拥有 51 个站），这两条线路第一次通车时间在 1987 年，年客流量近 400 万人次。新加坡地下轨道交通有限公司实行地下铁路和公交两种方式一体化运营，总体运营有利润，

但在不包括公交的情况下地下铁路业务则亏损。2015 年，该公司盈利总额为 0.6 亿新元，其中公交业务约盈利 3 亿新元，地铁运营约亏损 2.4 亿新元。

韩国首尔目前有 8 条地下铁路线，总长度为 286.9 公里，由首尔地下轨道交通公司与首尔地铁公司经营。1974 年建成第一次通车，目前年客运量超过十亿人次，运营整体亏损。2015 财政年度，首尔地下轨道交通公司运输亏损 817 亿韩元，全部由政府补贴。

在日本东京，目前有 12 条地下铁路线，总长度 292.2 公里，由东京地下铁股份有限公司和东京都交通局运营。其中，东京地下铁股份有限公司控制 8 条总里程为 183.2 公里的地铁，有 168 个站台，第一条地铁于 1927 年首次通车，年客运量超过 20 亿人次。在 2015 财年，利润总额为 73.4 亿日元，不考虑政府补助，运营亏损。

中国香港目前有 7 条地铁轨道交通线路，总长度为 91 公里，共 53 个站，1979 年建成第一条地铁。自 1992 年以来，地下铁路运输公司在香港取得持续盈利能力，目前的年客运量近 9 亿人次。但是，在取消了物业发展费后，业务量有明显波动。

法国巴黎第一条地下铁路于 1900 年 7 月开业。目前，巴黎公共交通总公司共有 14 条地下铁路线，总长度为 212.1 公里，有 297 个车站，年客运量达 12.5 亿人次。在 2015 财年，巴黎公共交通总公司盈利 6840 万欧元，但政府补助占到总收入的 34%。实际上，其地下铁路运输业务收入和支出基本平衡。

英国伦敦的第一条地下铁路（也是世界上第一条地下铁路）于 1863 年开始运营。伦敦目前有 12 条地下铁路线，总长度为 408 公里，有 275 个站台，年客运量达 972 万人次，由伦敦地铁轨道交通局的子公司——伦敦地铁轨道交通公司运营。2002 年后，伦敦地铁轨道交通公司向 3 大基础设施公司转让地下轨道交通体系的维修和基础设施 30 年的特许经营权。基础设施公司的回报包括固定付款和绩效付款。2015 财年，总投资 12.682 亿英镑，伦敦地铁轨道交通公司（代表政府）投资 3.578 亿英镑，基础设施公司出资 9.104 亿英镑。伦敦地铁轨道交通公司的全部亏损，由英国政府补贴。例如，在 2015 财政年度，它的经济损失达 6.73 亿英镑，由伦敦交通局对此进行补偿。

在纽约，地下铁路交通的第一部分于 1904 年 10 月开业，现有 27 条地下铁路线，全长 371 公里，共 468 个站台，年客流量超过 14 亿人次，由纽约市交通局负责管理。它也是世界上最大的城市地下轨道交通网络之一，世界上唯一的 24 小时运行的地下轨道交通网络。

（二）地下轨道交通运营存在普遍的行业性亏损原因分析

（1）地下轨道交通的巨额投资是经营亏损的直接原因。从运营成本结构来看，折旧通常占到未折旧运营费用的 60%，约占总成本的 40%。高折旧导致运营成本高，从而导致运营亏损。在部分城市，由于政府未全部投资，与融资负债相关的利息支出增加，导致亏损增加。

（2）地下轨道交通投资的正外部性是经营损失的主要内在原因。由于地下轨道交通投资的正外部性，巨额投资不应单纯依靠营业收入来收回。按照投入产出理论，地下轨道交通投资的产出，不仅是地下轨道交通线路，还包括正外部性，如沿线房地产升值、商贸繁荣和地面运输的改善等。其中，沿线房地产的升值是营业车票收入的几倍。按照公平和成本效益的原则，应将其正外部性与地下铁路运营放在一起计算投资回收，并以此计算地下轨道交通票价。也就是说，如果以合理的价格计算的票价低于地下轨道交通总投资的成本，就会产生经营损失。

（3）地下轨道交通的公共性增加了经营亏损。地下轨道交通公共性的本质不能排除低收入城市居民乘坐。因此，按照正外部性计算出来的合理票价，再考虑公益性，计算出来的新票价，应该更低。香港的地下铁路运输企业可以实现收支平衡，其中一个原因是特别经济结构决定了市民的高出行率。香港的地下铁路每天每公里有近 3 万客流量（纽约地下运输只有 1 万左右）。另一个重要的原因是香港特别行政区政府有地下铁路自主权。也就是说，如果按我国内地标准制定票价，即使运营有巨大乘客流量，香港地下轨道交通也无利可图。

（三）七大城市地下轨道交通投融资基本特征

（1）政府力求实现地下轨道交通投资的基本宗旨和控制其巨大的投资效果。地下轨道交通投资的主要目标是满足公共出行的基本需求。同时，地下轨道交通的投资规模不但巨大，而且对城市规划和城市总体经济贡献很大。运营和票价对公民的日常生活有很大的影响，属于城市经济和宏观经济的范畴。

（2）地下轨道交通具有准公共产品的属性、准社会福利属性和自然垄断性。地下轨道交通的准公共产品属性和准社会福利属性导致其直接经济效益远低于传统投资项目，行业亏损普遍存在。所以，追求投资利润的社会资本不会主动进入这个领域。政府作为城市公共利益和城市经济的代表，始终是地下轨道交通的主导。

（3）规模经济是地下轨道交通自然垄断的主要属性之一。在早期阶段，地下联网的速度直接取决于地下铁路的规模效应和地下铁路建设过程中对地面的负面影响。政府通常会投入相当一部分资本金，以及政府公共信贷支持的快速债务资本（如首尔的地下铁路），以确保地下轨道交通的建设速度。债权人以信任债务入账，对政府有最终追索权，因此，地下轨道交通实际上是公共投资项目。

（四）地下轨道交通投融资模式的主要类别

1. 政府全额投资的事业制模式

欧美等发达国家早些时候已经开始了地下铁路运输。地下铁路运输属于城市公共设施，价格低廉，经营亏损。所以只有政府做出投资决定，所有的投资都由政府来承担。所有损失将由国家资金补贴，实行事业制经营。这种模式的局限性在于效率低下。对于建设和运营是否发放补贴资金最终取决于城市的财政状况，以及它是否有效率，这将影响由公共财政制度直接决定的资金来源的可靠性和地下轨道交通运行。据世界地铁协会于 2015 年底统计，全球有超过 110 个的城市拥有地下轨道交通，其中 1/3 采用事业制管理，如纽约地下轨道交通。伦敦的地下轨道交通看似采用的是商业模式，但实际上是一种事业制模式，这是因为国家补偿不是给地铁公司，而是给了工程承包商。

2. "政府主导投资+政府补偿"的企业制模式

有些发达城市为了提高地铁的效率，一些欠发达城市为了减少财政经济负担，寻求采用地下铁路商业化运营模式，开展投资和金融体系创新，由事业运营模式向企业运营模式转变，常见的形式有政府前补偿制度或后补偿制度。

前补偿模式的基本思想是，在运营前政府对地下铁路的建设进行补偿。

一般来讲，政府对地下轨道交通建设项目的投资占项目总投资的 70% 左右，并会以某一价格将项目出租给运营公司。如东京地下铁道，其政府投资作为市政道路的资产，不包括在企业的资产内，显著减少了总的企业投资，显著降低了企业的折旧成本。这种模式通常适用于经济条件较好的城市，即企业可以在不折旧的情况下获得营业利润。这种做法的局限性在于国家对经营者的控制的有效性。一是，运营企业对地下铁路车辆过度使用是很难避免的。二是，在恶劣的经营条件下，政府被迫使用地下铁路运输，面对运营不能中断和公众对服务质量的抱怨，政府还应该给予一些运营补贴。本章所述的七大城市的地下铁路在运行中没有一个专门采用这种模式。伦敦的地铁轨道交通于 1997～2002 年采用了这一模式，并通过上市私有化被交给 RAIL-TRACK 经营。然而，由于商业运作机制的限制，RAIL-TRACK 不重视对基础设施的投资，而是积极向股东支付股息。结果是，基础设施没有及时更新，服务质量下降。虽然私有化仍然受政府控制，但 RAIL-TRACK 最终在 2002 年破产。

后补偿模式的主要思想是，将所有的公共投资列入公司的资产，但运营损失用财政补贴和资源补偿的形式补偿。这种模式与商业模式之间的主要区别是，政府补偿是基于补偿标准和约束机制的，如新加坡地下铁路、首尔地铁、巴黎地下铁路。东京地下轨道交通具有一定的后补偿，但大多是前补偿。因为东京地下轨道交通运营公司的折旧费用仅占总运营支出的 22%（通常为 40%），所以它对应的可以说是前后综合补偿模式。后补偿模式也有局限性，主要是在于政府很难确定科学的赔偿标准和制定有效的约束机制。在补偿标准和约束限制等技术问题上，经常通过制定一些很难判定其是否科学的指标，要求经营者达到标准。由于信息不对称，其结果往往是：运营商已经完成了指标，最终出租人，也就是政府，没有能如愿以偿；或经营者没有达到标准，但总是试图找到免除商定罚款的理由；或处罚、处罚的标准与未达标准造成的损失不对称；等等。效果往往相当于一个挂牌企业事业制。

3. "地下轨道交通 + 物业"模式

这是香港地下轨道交通的成功投融资模式。这种模式的一个基本方面是，地下轨道交通公司按照没有开通地铁的预期土地价格获得土地开发权，以获得铁路沿线土地价值增值的利益。由于额外收益足以弥补地下铁路运输的损失，提高地下铁路运输的整体盈利能力（整体盈利如果无法实现，表明该城市地区的经济发展还没有达到建设地下铁路的水平），公司可按照一般原则投资建设一条新的线路。乍一看，这种模式与后政府补偿制度类似，似乎政府也通过政策或资源补偿了经营后的损失。但是，两者的根本区别在于，后补偿模式的要点是政府补偿地下铁路运输投资的正外部性。"地铁＋物业"模式消除了一些正外部性。严格来说，这部分正外部性从来没有出现过，最初就被内化的。虽然这部分正外部性也被政府的土地政策所消除，但还是有回报的。这种模式的意义在于，地铁公司已经实现了在地下轨道交通的投资，不仅在运营后，还在运营前，甚至在地下轨道交通的总体规划建设时期，通过沿地铁线土地增值来实现整体利益最大化。它的补偿的科学性显然是后补偿模式无法媲美的，其自我约束的企业机制，也不是前补偿制度能相媲美的。因此，"地下轨道交通＋物业"模式可以被单独列为地下铁路的一种投融资方式。

特别强调一下，BOT 的模式（建设—经营—转让）不是地铁运输公司的投融资方式，实际上是政府投融资的一种方式。也就是说，政府通过一定的补偿，全面和部分地引进了外地先进的地铁设施，用于当地地下铁路运输的建设和运营，几年后，政府收回经营的权力。然而，在 BOT 特许经营权结束之后，持续经营的企业必须处理经营亏损和健康发展问题，这是政府补偿型 BOT 模式的制定和实施过程中必须要考虑的问题。

二　国内 PPP 项目投融资常用模式典型案例简介

目前的城市轨道交通投融资模式难以满足未来城市轨道交通大发展的需求，单纯依靠政府投融资一方面加大了政府财政压力，另一方面对于城市轨道交通带来的外部效益而言是一种浪费，并且忽略了城市轨道交通的市场化调节，不利于其长期发展。因此，为了改变城市轨道交通建设资金匮乏、垄断经营的现状，越来越多的城市开始尝试 PPP 的投融资模式，不同的城市根据自己的实际情况采取不同的形式。我国近几年形成了三种模式：北京模式、深圳模式、杭州模式。

（一）北京模式：北京地下轨道交通 4 号线及经验推广

北京地下轨道交通 4 号线是国内首条采用 PPP 模式进行融资的地下轨

道交通线路。其操作模式是将工程的所有投资建设任务以 7∶3 的基础比例
划分为 A、B 两部分，A 部分包括洞体、车站等土建工程的投资建设，由政
府投资方负责；B 部分包括车辆、信号系统等设备资产的投资以及设施的运
营和维护，该部分由社会投资人与政府公共部门共同组建的 PPP 项目公司
来完成。政府部门与 PPP 项目公司签订特许经营协议，根据 PPP 项目公司
所提供服务的质量、效益等指标，对企业进行考核。在项目成长期，政府
将其投资所形成的资产，以无偿或象征性的价格租赁给 PPP 项目公司，为
其获得正常投资收益提供保障；在项目成熟期，为收回部分政府投资，同
时避免 PPP 项目公司获得超额利润，将通过调整租金的形式使政府参与收
益的分配；在项目特许期结束后，PPP 项目公司无偿将项目全部资产移交给
政府或续签经营合同。该模式的优点是：通过项目的分拆，可以降低政府
财政资金压力，吸引社会资金，分散并降低出资各方的风险。在引入社会
资金的同时带来规范管理和专业经营，比较有效地建立了地下轨道交通项
目的市场化收益机制。

　　北京地下轨道交通 4 号线被认为是 PPP 项目的一个成功案例。通过竞
争引入香港铁路有限公司（下称"港铁"），北京地下轨道交通 4 号线项目
不仅解决了融资问题，还促进了北京地下轨道交通运营水平的整体提升。

　　1. 项目介绍①

　　地下轨道交通 4 号线的线路自马草河北岸起偏向东，之后向西转向北，
经由北京南站后，偏西北方向行进，逐步转向北，进入菜市口大街至陶然
亭站，向北沿菜市口大街、宣武门外大街、宣武门内大街、西单北大街、
西四南大街、西四北大街、新街口南大街至新街口；转向西，沿西直门内
大街、西直门外大街至首都体育馆后转向北，沿中关村大街至清华西门，
向西经圆明园、颐和园、北宫门后向北至龙背村。正线长度为 28.65 公里，
共设地下轨道交通车站 24 座，线路穿越丰台、西城、海淀 3 个行政区，是
北京市轨道交通线网中的骨干线路和南北交通的大动脉。该项目总投资为
153 亿元，已于 2009 年正式通车运营。

---

　　①　参见中国城市交通网（http://www.chinametro.net）。

2. PPP 方案基本结构

按建设责任主体，将北京地下轨道交通 4 号线全部建设内容划分为 A、B 两部分：A 部分投资额约为 107 亿元，占 4 号线项目总投资的 70%，由 4 号线公司负责投资建设；B 部分投资额约为 46 亿元，占 4 号线项目总投资的 30%，由社会投资者组建的北京地下轨道交通 4 号线特许经营公司（以下简称"特许公司"）负责投资。

4 号线项目竣工验收后，特许公司根据与 4 号线公司签订的《资产租赁协议》，取得 A 部分资产的使用权。特许公司负责地下轨道交通 4 号线的运营管理、全部设施（包括 A 和 B 两部分）的维护和除洞体外的资产更新，以及站内的商业经营，通过地下轨道交通票款收入及站内商业经营收入回收投资。

特许经营期结束后，特许公司将 B 部分项目设施完好、无偿地移交给市政府指定部门，将 A 部分项目设施归还给 4 号线公司。

3. 项目基本经济技术指标

项目总投资：约 46 亿元（B 部分）。

项目建设内容：车辆、通信、信号、供电、空调通风、防灾报警、设备监控、自动售检票等系统，以及车辆段、停车场中的机电设备（B 部分）。

建设标准：根据经批准的《北京地下轨道交通四号线工程可行性研究报告》（以下简称《可研报告》）和初步设计文件制定。

工期：计划 A 部分 2007 年底竣工，2009 年 9 月正式通车试运营。

客流量预测：根据《可研报告》的客流预测结果，初期（2010 年）为 71 万人次/工作日，近期（2015 年）为 82 万人次/工作日，远期（2034 年）为 99 万人次/工作日。

根据国际客流预测机构香港弘达顾问有限公司（以下简称"MVA 公司"）的客流预测结果，初期（2010 年）为 58.8 万人次/工作日，近期（2015 年）为 81.8 万人次/工作日，远期（2034 年）为 88.4 万人次/工作日。

分析：在上述结构下，特许期内特许公司的主要收入就是 4 号线客流产生的票款收入。在传统投融资体制下，为使项目获批，轨道交通可行性研究报告中的客流量往往测算得过于乐观。为使客流量的预测更加科学客观，并能被广大社会投资者认同，项目发起人专门聘请了国际上著名的客流预测机构 MVA 公司，对 4 号线专门做了一份独立的专业预测报告。

4. 项目经验推广

北京地下轨道交通 14 号线和 16 号线复制地下轨道交通 4 号线 PPP 模式，吸引社会投资的额度从原来的 46 亿元上升至 150 亿元，两条线路共吸引 300 亿元。

北京地下轨道交通 14 号线，是北京市轨道交通路网中一条连接东北到西南的 "L" 形骨干线路，贯穿北京南部和东部，全长 47.3 公里，共设 37 座车站。项目自 2010 年初开工建设，西段从张郭庄站至西局站，已于 2013 年 5 月 5 日正式开通运营；而东段于 2014 年 12 月 28 日开通；中段于 2015 年 12 月 26 日建成开通。北京地下轨道交通 14 号线项目初始预算投资高达 500 亿元，而为了缓解北京市地下轨道交通建设当期压力，在项目实施中采用 PPP 模式，实现市场化引资 150 亿元。北京市基础设施投资有限公司（简称 "京投公司"，系北京市国有独资公司，承担北京基础设施项目投融资、资本运营等职能）具体负责 14 号线引资工作。

北京地下轨道交通 16 号线是北京市轨道交通路网中一条南北向骨干线路，全长约 50 公里，途经北京市海淀山后、三里河行政中心区、丰台火车站、丽泽商务区、丰台科技园区等重要城市功能区，预计 2018 年全线通车试运行。全线共设 29 座车站，其中换乘车站 12 座，是北京市首条全线采用 A 型车 8 节编组的线路。项目总投资 495 亿元，工程投资建设划分为 A、B 两部分：A 部分包括洞体、车站等土建工程，投资额约为 345 亿元，约占项目总投资的 70%，由政府投资；B 部分包括车辆、信号系统等设备资产，投资额为 150 亿元，约占项目总投资的 30%，由通过市场化方式引入的社会资本组建的特许经营公司负责投资。

5. 风险分担机制

对投资控制、客流预测、票制票价变化、物价变动等风险因素设置处理机制。从理论上讲，全面识别和妥善处理项目全生命周期中各种风险因素是实现政企合作、维护公共利益的重要保障。而城市轨道交通项目作为公共建设项目，具有投资规模宏大、运营生命期长、利益关涉广泛、公共服务责任重大等特点；在北京市现行票制票价政策下，使用者付费（票款收入）不足以覆盖项目投资和运营成本，需政府给予相应补贴支持。因此，北京地下轨道交通 14 号线项目，在除对常规建设项目所具有的常规风险因素设置处理机制外，还从前期研究论证阶段就高度重视对 PPP 合作中的重点风险进行深入研究，并在特许协议中落实了相应的处置方法。

北京地下轨道交通 4 号线、14 号线的风险分担方案如图 6-1 和表 6-1 所示。

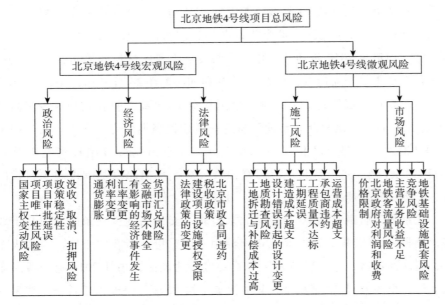

图 6-1　北京地下轨道交通 4 号线的风险分担方案

表 6-1　北京地下轨道交通 14 号线的风险分担方案

风险类型	风险因素	北京市政府	京港地铁	承建商	金融机构	保险公司
政治风险	国家主权变动风险	▲				
	项目唯一性风险	▲	▲	●		
	项目审批延误	▲				
	政策稳定性	▲				●
	没收、取消、扣押风险	▲				
经济风险	通货膨胀	●	●		▲	
	利率变更	●	●		▲	
	汇率变更	▲	●		●	
	有影响的经济事件发生	▲	●		●	●

2009 年生产总值达到 8201 亿元，居内地大中城市第 4 位；2005～2009 年累计实现中央级财政收入 8153 亿元，服务全国的能力显著增强。然而，随着城市的快速发展，政府财政压力仍然存在，城市轨道交通和相关铁路、客运专线都需要投入大量建设资金，如果全部由政府直接投资，将加重政府财政支出负担。

施工难度大。项目沿线穿越海积平原、冲洪积平原、台地、丘陵地段，地质情况复杂多变，部分区段位于填海区，另外还有浅埋暗挖大跨隧道、立交桥、建筑桩基托换工程、海积淤泥地层处理、高架桥现浇梁制作等诸多施工技术难题，施工难度在国内地下轨道交通项目中也是罕见的。

工程接口多。项目会在内城区施工，穿越多个城市主干道，地面拆迁 43 万平方米、拆除各类管线 23 万米、绿化迁移 40 多万平方米、交通疏解 24 万平方米，征地拆迁、管线迁改和交通疏解的组织协调和实施难度极大，如果按照传统建设管理方式，至少需要 5 年时间。

3. 运作模式

深圳地下轨道交通 5 号线启动初期，深圳市委、市政府就着手研究其投融资及建设管理模式，经过广泛调研和深入论证，结合项目实际，确定深圳地下轨道交通 5 号线 BT 模式采取"投融资 + 设计施工总承包 + 回报"的运作方式。

深圳地下轨道交通 5 号线采用 BT 模式是深圳建设项目管理体制和投融资体制的一次重大创新。实践证明，与传统建设模式相比，BT 模式实现了项目建设"花业主的钱为业主办事"到"花自己的钱办自己的事"的根本转变，在安全、质量和工期管控等方面有着巨大优势。但由于 BT 模式作为一种新型的融资建设方式，推广运用时间短，尚没有成熟的经验可借鉴。从深圳地下轨道交通 5 号线 BT 模式实施的情况来看，还需要在解决项目前期过长，投标费用高；资本金比例较低，筹集还款资金压力大；风险分配不尽合理，投资方和贷款人风险过大等问题上下功夫，以促进 BT 模式在工程建设领域的广泛应用和发展。

4. 风险管理

合同不仅是项目实施的法律文件，还是项目管理的主要依据。对于风险管理，应在招标的各个阶段进行。项目经理必须具有强烈的风险意识，从每个合同条件的风险分析和风险管理中学习，充分了解风险因素，并对这些风险采取必要的预防措施。否则，风险会给项目带来巨大的损失。同时，我们需要在项目各个阶段建立可靠的监督机制，组织专家对主要决策进行评估。评估应该基于事实，公平公正。通常，合同各方会在合同中定义风险分配和风险管理。作为国际工程承包领域的代表性和权威性的合同条款，FIDIC 的条款决定了合同条款下业主与承包商之间的风险分配。因此，有必要熟悉 FIDIC 的规定，了解提案的意义和可能的风险。如果合同条款与 FIDIC 的条款不同，则应该进行比较研究以找出差异，分析其是否隐含风险。

对于世界上的国际项目来说，风险是不同的，造成风险的因素并不是唯一的。在考虑风险时，所有策略应结合使用。尽管国际工程合同的情况复杂多变，危机是危险的。但是，通过建立可靠的风险预测和应对机制，并保证实施，必然能够排除风险，最大限度地降低风险带来的损失。

（三）杭州模式：杭州地下轨道交通 1 号线和 5 号线

杭州地下轨道交通 1 号线和 5 号线的建设运营对轨道交通所具有的经济特点充分把握，把它的营利性与公益性分离，政府承担公益性部分的投资，并对相关的风险负责，依靠政策制度对部分外部性问题予以解决。此外，利用营利性部分积极吸引多元化的运营主体与投资主体，营利性方面的投资与相关的风险让投资者承担。将 PPP 模式应用于 1 号线和 5 号线轨道项目当中，也就是市政府在政策层面加强监督引导，创造有利的条件，提高市场化程度，建设、运营 1 号线和 5 号线轨道交通大力吸引社会机构加入，并依靠发挥市场竞争机制的作用，促进 1 号线和 5 号线轨道交通取得更好的运行效率，并且能够不断提升自身的服务水平。杭州地下轨道交通 1 号线和 5 号线工程采用 PPP 模式取得了明显的成效：一是有力推进了杭州市投融资体制改革，促进政府基础设施融资的多元化，有效减轻政府当期基础建设投入和长期的财政补贴负担；二是克服地下轨道交通经验及人才不足的困难，能够更快、更好地学习掌握先进地下轨道交通建设、运营和管理经验；三是推进了轨道交通设施的市场化进程，实现轨道交通行业体制机制的创新；四是促进行业标准体系的建立和政府监管体系的完善，进而实现轨道交通经济效益和社会效益均衡发展。

1.1 号线项目概况

杭州地下轨道交通 1 号线为连接中心城核心区与江南、临平、下沙副城中心区的骨干线，线路全长 47.97 公里，其中地下线 41.36 公里，高架线 6.14 公里，过渡段 0.47 公里；设车站 30 座，其中地下站 27 座，高架站 3 座；车辆基地和停车场各 1 处、控制中心 1 处。初期配车 288 辆。项目概算总投资为 220.76 亿元。

杭州地下轨道交通 1 号线工程前期工作开始于 21 世纪初。2002 年 6 月 6 日，经市委、市政府批准，杭州地下轨道交通集团有限责任公司挂牌成立。2003 年 12 月 26 日，地下轨道交通 1 号线试验段婺江路站工程开工建设。2014 年 2 月 11 ~ 13 日，国家发改委委托中咨公司，对《杭州市城市快速轨道交通建设规划》进行了评审，该建设规划通过专家评审。2015 年 6 月 1 日，国务院批准了《杭州市城市快速轨道交通项目建设规划》；6 月 6 日，国家发改委正式下发了《关于审批杭州市城市快速轨道交通建设规划的请示的通知》，1 号线工程正式立项。2007 年 2 月 7 日，地下轨道交通 1 号线工程初步设计通过浙江省发改委批复。项目于 2007 年 3 月 28 日开工建设，于 2012 年 11 月 24 日开始试运营。日均客流稳步递增，已由试运行之初的日均 14 万人次攀升到目前的日均 41 万人次。

项目采用 PPP 模式，由香港铁路有限公司（以下简称"港铁公司"）和杭州地下轨道交通集团成立的特许经营公司——杭州杭港地下轨道交通有限公司负责运营。

2. 具体模式

1 号线工程投资建设分为 A、B 两个相对独立的部分：A 部分为土建、隧道工程，投资额约为 137.86 亿元，约占项目总投资的 62.4%，由杭州地下轨道交通集团负责；B 部分为机电、车辆等设备投资，投资额约为 82.9 亿元，约占项目总投资的 37.6%，由 PPP 项目公司杭港地下轨道交通公司负责。杭港地下轨道交通公司由杭州地下轨道交通集团和港铁公司通过各自的全资投资公司按 51 : 49 的出资比例组建。杭港地下轨道交通公司按《资产租赁协议》，从杭州地下轨道交通集团租赁 A 部分资产，并进行全部 A、B 资产的运营、维护和更新，以及站内的商业经营，通过地下轨道交通票款收入及站内商业经营收入获得合理的投资收益。

25 年特许经营期结束后，杭港地下轨道交通公司将 B 部分项目设施完好、无偿地交给市政府指定部门，将 A 部分项目设施归还给杭州地下轨道交通集团。

3. 实施流程

2008 年 3 月，杭州市政府根据《杭州市市政公用事业特许经营条例》有关规定，决定 1 号线项目采用 PPP 特许经营模式进行招商，拟引入境内外投资者参与杭州市地下轨道交通一期工程 1 号线项目的投资、建设和运营。

2008 年 3 月 24 日，市发改委发布地下轨道交通一期工程 1 号线特许经营项目招商公告。共有港铁公司、新加坡地下轨道交通公司、威立雅交通巴黎地下轨道交通公司三家参与投标。通过竞争性谈判，确定优先考虑与港铁公司合作。

2009 年 1 月 5 日，市委、市政府讨论通过了地下轨道交通 1 号线杭港合作原则性协议。

2010 年 3 月，市政府和港铁公司就 1 号线项目草签了特许经营等协议或合同。

2012 年 8 月 17 日，商务部正式批复同意杭州地下轨道交通 1 号线投资有限公司与在香港注册的港铁杭州 1 号线投资有限公司在杭州市设立杭州杭港地下轨道交通有限公司（以下简称"杭港地下轨道交通公司"），1 号线特许经营项目获批；9 月 6 日，特许经营公司——杭州杭港地下轨道交通公司注册成立；9 月 28 日，市政府授权市交通局与杭港地下轨道交通公司签订特许经营协议。

2012 年 11 月 24 日，1 号线正式开始试运营。

4. 协议体系

主要有三个关键协议：一是杭州地下轨道交通 1 号线投资公司与港铁杭州 1 号线投资公司签订的《中外合作经营合同》和《公司章程》，二是杭州市交通局与 PPP 项目公司杭港地下轨道交通公司签订的《特许经营协议》，三是杭州地下轨道交通集团与 PPP 项目公司签订的《资产租赁协议》。

《特许经营协议》是 PPP 项目的核心，全面约定市政府、杭港公司双方的权利和义务，项目融资、建设运营、移交的标准和要求，以及票价机制、风险分担等事项，为 PPP 项目投资建设和运营管理提供了明确的依据和坚实的法律保障。1 号线项目特许经营协议由主协议、附件协议以及后续的补充协议共同构成，涵盖了建设、试运行、运营、移交各个阶段，形成了一个完整的合同体系。

《中外合作经营合同》和《公司章程》从合作宗旨、董事会和经营管理机构的组成、合同期限等方面对合作经营进行规则约定。

《资产租赁协议》规定了杭港公司租赁 A 部分资产的范围、移交方法、保修期以及租金和租赁期限等内容。

基于 PPP 合作机制的建立以及先进管理理念的引入，杭港公司正从规范化管理走向系统化、精细化管理，1 号线日均客流稳步递增，列车服务的重点指标准点率、兑现率也保持在 99.8% 以上的高位，售票机、闸机等设备的可靠度也均保持在 99.8% 以上，这些数据均远超《特许经营协议》所规定的考核指标。另外，杭港公司通过建立先进的财务管理系统和全方位的财务预算体系，有效地控制了经营管理成本（每公里人员配比达 1∶47）；同时依靠灵活的财务管理手段实施合理的借偿贷，使公司在不依靠政府财政补贴的前提下，具有长期经营的财务能力和可持续性经营潜力，这都有利于保证 1 号线的长期稳定运营。

第二节　轨道交通 PPP 项目风险管理特点

（1）特许经营项目需要政府支持。作为项目的发起者，政府在启动项目和选择合作伙伴方面不仅起着主导作用，还需要监督项目的建设和运营，以确保项目按照既定目标运行。另外，由于轨道交通具有公益性强、投资重大和回报慢的特点，政府还需要提供整个项目生命周期的政策支持来保证参与企业的合理利润，避免打击私营企业参与基础设施建设的积极性。

（2）特许经营项目需要完善的相关法律法规。项目融资实际上是铁路运输项目市场化进程和政府职能转变的过程。在这个过程中，政府需要完善各项相关的法律法规，使相关部门在项目监督过程中能够依照法律规定进行尽职调查，实现有法可依、有法必依。

（3）特许经营项目在初期需要大量的综合准备工作。铁路过境工程是否成功与以往的研究和准备密切相关，从项目建议书、规划和可行性研究到使用融资模式，以及融资比例和投资者选择等方面，需要做一个全面的、详细的调查和研究。

（4）特许经营项目需要大量相关人才。融资项目与公共投资相比更加复杂，项目参与者众多，涉及面广，需要大量相关人才，确保顺利进展并取得成功。今后相当长一段时期，我国需要加大相关人才的培养力度。

第三节　国内外案例的经验借鉴

（一）建立完善的政策支持体系

各级政府的政策支持是成功实施 PPP 模式的首要条件之一。2004 年 7 月，国务院颁布了《国务院关于投资体制改革的决定》（国发〔2004〕20 号）。各地也先后颁布相关的扶持政策。经过多年的实践，中国的投资体制发生了重大变化，特别是在实现城市综合功能的市政公用基础设施领域，积极吸引社会各方面投入取得了良好的效果。然而，为了满足城市轨道交通的快速发展需要，在政府和地方层面需要进一步完善政策体系，在这一领域加大对社会资本的政策支持。为此，各级政府应积极转变自己的角色，打破城市轨道交通建设的政府垄断，鼓励有影响力的社会投资者进入该领域与公共部门（国有独资企业）一起加快城市轨道交通的建设。与此同时，各级政府应制定审批、税收、贷款、补贴等方面的合理优惠政策，并采取具体的操作措施，以弥补经营性轨道交通的亏损，吸引资本充足和具有先进经营理念的投资者，鼓励社会投资者在城市轨道交通建设中积极参与经营。

（二）建立规范的法律法规体系

PPP 项目的实施需要法律制度支持。城市轨道交通 PPP 项目的实施实际上是按照一定的规范性文件和合同进行的。到现在为止，没有对 PPP 项目的成文法，我国有关法律法规中大部分是针对 BOT 项目的规定，但没有针对 PPP 项目，PPP 项目工作中的许多具体问题还没有确定。因此，法律法规不合理、不完善，是我国 PPP 模式发展的严重障碍。所以，各级政府要加深对 PPP 模式重要性的认识，加快完善法律法规，促进社会资本参与市政基础设施建设，建立公平、公开、公正的竞争环境，完善 PPP 模式，进一步推动 PPP 模式在我国城市轨道交通建设中的应用。

（三）建立城市轨道交通建设融资新机制

目前，国内城市轨道交通项目没有客观合理的成本数据，也没有建设、运营、维护等方面的重要参数。有必要进行深入的研究，建立科学合理的成本和收益曲线，使投资和财政补贴的合理程度有据可查，使社会投资者做出正确的投资决策，同时也向轨道交通商业化运营提供服务。此外，应建立一个科学、合理、灵活的资费调整机制和价格补偿机制、土地价格补偿机制、广告商补偿机制，以确保必要的轨道交通的商业化自主定价和政府定价有机结合，保证地铁项目的公益性。

（四）建立合理的风险分配机制

合理的风险分担机制是确保城市轨道交通 PPP 模式成功实施的关键因素之一。政府、公共部门和社会投资者应该以"双赢"或"共赢"的态度来分担城市铁路工程的风险，一起谈判和协商。建立合理的城市轨道交通风险分担机制，应当遵循"风险控制最有力的一方控制风险"的原则。在城市轨道交通建设中，社会投资者处于最有利的地位，应当承担项目建设施工风险。虽然社会投资者可以通过施工合同将施工风险转移给施工承商，但仍然对政府和公共部门负主要责任。政治风险、变革的法律风险应由政府和公共部门承担。由于政府和公共部门能够影响政策、法律、法规、规章的制定，所以就应当由政府控制此类风险，而不是由社会投资者识别和控制这些风险。因此，建立风险分担机制，应考虑实际情况，如建设总投资规模、每一方的投资份额、投资回报比例等，以便更加合理地分配风险。

（五）选择合适的合作伙伴

合作伙伴是 PPP 项目成功的关键。要选择一个有工业建设和经营经验、财力雄厚、运作成功的企业作为合作伙伴。基于上述选择合作伙伴的原则，杭州市政府通过全球引资，选择港铁公司作为合作伙伴。首先，港铁是香港特区最大的国有控股公司，在铁路运输规划、建设和运营以及资产管理方面有 30 多年的经验，同时是世界上地铁行业领先者和少数盈利的地下铁路运营商之一。其次，港铁是香港最大的地产开发商之一，它倡导实施"地下轨道交通＋所有权"模式，实现铁路运输可持续发展。最后，港铁拥有跨地区铁路服务的经验，除了在香港之外，还在伦敦、墨尔本和北京等城市运营铁路，并取得了良好的业绩和积累了成熟的经验，有较强的财务稳定性和先进的运作模式。

（六）设计合理的风险－收益平衡机制

在杭州的特许经营项目中，地铁 1 号线和 5 号线成立了价格调整机制和客运风险分担机制。1 号线和 5 号线车票由政府定价，但地下铁路运输的经营成本随着居民消费价格指数、工资、电费和其他因素的变化而变化，因此，《特许经营协议》规定了开通第一年的票价，并约定定期按照上述三个因素调整票价。如果实际票价低于预计票价，政府将补偿 PPP 项目公司的亏损；相反，盈利的话，PPP 项目公司须与政府共享利润。对于客运风险分担机制，目的是政府和企业共同培育乘客、分担风险和股权收益，按照一定乘客流量为预测基准，如果实际客流量比乘客的预计流量低，政府给予 PPP 项目公司补偿；反之，政府须与 PPP 公司分享收益。

（七）建立有效的监管机制

监管机制在很大程度上需要有政府监管机构和协议监管机构才能得到保障。项目的政府监管机构可以分为两类：一类是政府直接监管机构，另一类是一般监管机构。直接监管机构和投资项目建设和运行产生直接的密切联系，如交通运输部负责项目运营、准点率、安全性等方面的监管；财政局负责监督项目运营的经济效益，提供财政补贴。一般监管机构根据各自的责任范围对项目的建设和运营进行监督。例如，环保部门管理噪音等环境污染。另外，通过《特许经营协议》《中外合作协议》《资产租赁协议》等协议体现协议监管。

第七章

郑州市地下轨道交通项目工程风险事件、影响因素及管理制度

第一节　郑州地区地下轨道交通施工过程风险事件及其成因分析

不同的施工方法所面临的风险不同，下面分别分析明（盖）挖法、盾构法、矿山法施工所面临的风险及其原因。

一　明（盖）挖法地下轨道交通施工安全风险事件及其成因分析

（一）风险事件

（1）郑州市轨道交通 2 号线一期工程国基路站采用明挖顺作法施工，为确保盾构整体过站，基坑深 17.22 米，底板埋深 17.0 米，顶板覆土 3.0 米，该区间开挖地层以粉土、砂层为主。2014 年 5 月 18 日，巡视发现基坑 27~31 轴东侧地表存在裂缝，随后对裂缝进行了封堵，防止雨水渗透进入土体造成裂缝扩大。

（2）2013 年 7 月 25 日早晨，郑州轨道交通供电配套工程南阳路与黄河路西北角 38#工作井施工中，因基坑结构上部土体失稳造成土方塌落，致 2 死 2 伤。事发后，郑州市轨道交通有限公司及施工单位郑州祥和集团有限公司立即启动应急救援机制。

（3）郑州市轨道交通 2 号线一期工程东大街站位于东大街与紫荆山路

交叉口南侧，车站主体围护结构采用 1000 厘米厚地下连续墙＋内支撑围护。车站范围内场地地层自上而下分别为：杂填土层、粉土层、粉砂层、粉砂层、粉土层、粉质黏土层、粉质黏土层、钙质胶结层及粉质黏土夹粉土层，基底位于粉砂层。地下水主要贮存于粉砂层以下的粉砂、粉土和粉质黏土层中，地下水类型为潜水。

车站主体基坑附近管线较多，一些重要的市政管线在拟建场区内穿越，主要有污水管、雨水管、生活/消防给水管、电力管、热力管、通信光纤、高压电缆以及一些废弃的管道，主要控制性管线有 DN500 砼污水管、DN300 砼污水管。

2014 年 8 月 11 日，车站基坑西侧一处管线存在渗漏，渗漏情况较严重；同时基坑西侧边缘存在多条裂缝，开裂非常明显，未回填密实。

（二）成因分析

在地下轨道交通工程建设过程中，基坑施工成功，具有重大的经济和社会效益。在工程初期，地下水位和土质决定了基坑深度和平面形状，在施工过程中，基坑的变形主要受地下水位和土层的影响。郑州市地下轨道交通穿越的地层主要为粉土、粉细砂层等，在此地层中进行地下轨道交通明（盖）挖法施工的主要风险有地下连续墙成槽塌方风险、地下连续墙接缝处渗漏风险、钻孔灌注桩塌孔风险、土方开挖过程的塌方风险及围护桩间土脱落、涌土流砂风险和施工对周边环境影响的风险。

1. 地下连续墙成槽塌方风险

粉细砂无黏聚力，地层自稳能力差，地下连续墙成槽时，抓取槽段内的土层，破坏了原来土层内的应力平衡，从而造成槽外粉细砂向槽内坍塌。

2. 地下连续墙接缝处渗漏风险

地下连续墙槽段接缝处，由于施工过程中绕流处理不彻底，接头桩倾斜刷壁不到位，造成接头夹泥，在粉细砂地层高水头作用下，产生管涌。

3. 钻孔灌注桩塌孔风险

粉细砂颗粒细小，无黏聚力，地层稳定性差，易扰动，当粉细砂层含水时，粉细砂具有流动性，钻孔灌注桩施工过程中易造成塌孔。

4. 土方开挖过程的塌方风险

粉细砂层没有黏聚力，自稳能力特别差，开挖时容易造成塌方。

5. 围护桩间土脱落、涌土流砂风险

桩间土喷护不及时，钢筋网片与桩不能很好地连接等是造成桩间土脱落的因素。基坑外侧地下水的控制失效，水泥土搅拌桩等止水帷幕搭接不好或桩体不连续，或止水帷幕质量不好存在空洞，向坑内渗水，造成桩间土涌土流砂。

6. 施工对周边环境影响的风险

粉细砂无黏聚力，地层自稳能力差，基坑开挖过程中易对周边建（构）筑物、路面、地下管线等造成影响。

二　盾构法地下轨道交通施工安全风险事件及其成因分析

（一）风险事件

（1）陇海东路站—帆布厂街站盾构区间全长 875 米，南北走向，沿紫荆山路敷设；该区间下穿的陇海铁路桥属一级风险源，区间隧道距桥墩承台最近处仅 1.5 米左右，盾构区间主要下穿的地层为粉土和粉砂层，地下水类型为潜水。

（2）2014 年 5 月 21 日，在拼装左线第 409 环时，紫荆山路与陇海北街交叉口地表沉陷 20 厘米左右，地表裂缝明显。5 月 21～22 日，施工单位已对其进行无压注浆，5 月 23～24 日现场巡视时，地陷区域沉降得到控制，地表裂缝无明显增大趋势。

（3）5 月 24 日早晨，505 环至 510 环地表出现坍塌，周边地表砖缝开裂明显，右线盾构已通过该区域，初步分析为盾构通过导致该位置污水管/雨水管破损，出现渗漏，同步注浆量不足，二次注浆不及时，又受 5 月 23 日降雨影响，雨水管压力增大，导致该位置出现坍塌，施工方已用混凝土对该位置进行回填。

（4）5 月 29～31 日，陇帆区间右线距陇海路站接收井 30 米处（南仓街处）出现地面塌陷（人防工程空洞所致），周边地表出现明显裂缝，下穿污水管线接头部位出现漏水，施工单位用混凝土密实填充，未造成人员伤亡。

（5）郑州市轨道交通 2 号线一期工程黄河路站—紫荆山站区间线路从黄河路站出发，沿花园路向南到达紫荆山站。该盾构区间线路全长 1142 米，主要穿越地层为粉土层、粉质黏土层和粉砂层。右线盾构吊出井外侧龙门吊轨道处存在裂缝，据现场了解，裂缝是由该处地面硬化时土体不密实及龙门吊荷载导致。

（6）郑州市轨道交通 2 号线一期工程新龙路站—国基路站区间线路从新龙路站出发，沿花园路向南下穿宏达东路后到达国基路站。该区间拟采用 2 台盾构机平行推进，右线全长 793.650 米、左线全长 695.849 米，盾构区间隧道主要穿越的地层为粉质黏土层、粉土层、粉砂层和细砂层，主要不良地质现象为砂土液化及砂土层失稳。

2014 年 10 月 17 日，右线盾构刀盘尚未出加固区，控制土压 0.6bar 左右，现场巡视洞门密封装置左下角存在漏水、漏泥情况。

（7）郑州市轨道交通 2 号线一期工程东大街站—陇海东路站区间始于东大街与紫荆山路南侧的东大街站，沿紫荆山路向南延伸，下穿熊耳河桥，侧穿商都幸福家园、黄金叶小区、郑州卷烟厂等到达陇海东路站。盾构区间主要下穿的地层为粉土层、粉砂层、粉土层，下卧土层为粉砂层、粉土层、粉质黏土夹粉土层。

2014 年 11 月 17～24 日，右线盾构机暂停掘进，盾尾存在漏浆情况，一直在维修更换盾尾刷。

（二）成因分析

通过以上案例分析，郑州市地下轨道交通穿越的地层主要为粉土层、粉细砂层等，在此地层中进行地下轨道交通盾构法施工的主要风险有端头加固效果不佳风险、盾构掘进砂土液化风险、盾构掘进的盾尾泄漏风险、盾构掘进维持开挖面稳定困难的风险、盾构开仓土体失稳风险以及施工对周边环境影响的风险。

1. 端头加固效果不佳风险

砂层中采用旋喷或搅拌加固时，设计施工参数不合理，且粉细砂层渗透系数较大、注浆加固范围难以控制，导致加固体不连续、抗渗性能不能满足要求。

2. 盾构掘进砂土液化风险

饱和粉细砂在往复剪切作用下，会发生瞬间滑移破坏，孔隙体积减小，趋于振密，而不可压缩的孔隙水不能及时排出，导致孔隙水压力上升，上升到等于上覆压力时，抗剪强度丧失，粉细砂转变为流体状态，产生振动液化流动现象。

盾构施工中刀盘转动、开挖面土压力等是粉细砂层液化的条件。盾构作业周期性特点致使饱和粉细砂地层发生区域性液化，这种液化对于盾构施工来讲是灾难性的。

砂层液化对盾构施工造成的风险分析：刀盘扭矩大，造成渣土控制困难。盾构推进过程中推力大，砂层水压大，刀盘扭矩也变大；推力小，出土量就大，造成掌子面砂层坍塌，刀盘扭矩也会瞬间增大，出土量控制非常困难。注浆压力大、盾尾和管片背部注浆困难。由于受地层液化影响，盾尾间隙形成的同时，会被孔隙水填充，注浆困难。控制地表沉降困难。由于控制出土量困难、注浆困难，同时还存在喷涌和液化的现象，控制地表沉降异常困难。

3. 盾构掘进的盾尾泄漏风险

粉细砂地层在高水压作用下极易液化，流动性好；盾构机姿态及盾尾间隙调整不好，盾尾间隙大；盾尾油脂质量差或推进过程中注入量不足；盾尾刷在推进过程中因各种原因发生损坏，无法有效封堵盾尾。

4. 盾构掘进维持开挖面稳定困难的风险

粉细砂层的渗透性较大，土仓内压力消散较快，维持开挖面稳定有一定困难。

5. 盾构开仓土体失稳风险

开挖面或上覆地层为粉细砂层，土质松散，无黏聚力，易坍塌，开仓检查前排土作业易造成刀盘前、上方土体失稳，形成空洞。

6. 施工对周边环境影响的风险

粉细砂无黏聚力，地层自稳能力差，盾构掘进过程中易对周边建（构）筑物、路面、地下管线等造成影响。

三　矿山法地下轨道交通施工安全风险事件及其成因分析

（一）风险事件

郑州市轨道交通 2 号线一期工程 1 号线、2 号线联络线从 1 号线右线接岔段先后下穿金水河和黄委会中学北侧 5 层新建教学楼、操场，最后在明挖段基坑内与 2 号线左线相交，采用矿山法施工。该区间开挖地层以粉土层、粉砂层为主。

2014 年 4 月 1 日，在对拱顶沉降及净空收敛预警点现场巡视时，发现地表有明显裂缝，4 月 5 日对地表预警点区域现场巡视，地表裂缝无明显变化。

根据现场开挖及帷幕注浆施工情况分析，注浆压力较大是地表隆起及地面裂缝的主要原因，最大隆起值为 46.75 毫米。因此，帷幕注浆时加强现场巡视，发现地表出现明显隆起、裂缝变大时，应立即停止注浆，及时对地表裂缝区域进行砂浆回灌等处理，再次注浆时应适当减小注浆压力，缩短注浆时间，合理控制注浆量，在保证注浆效果的同时，规避地面隆起、开裂风险。

（二）成因分析

通过以上案例分析，郑州市地下轨道交通穿越的地层主要为粉土层、粉细砂层等，在此地层中进行地下轨道交通矿山法施工的主要风险有竖井开挖中井壁坍塌风险、开挖面涌水涌砂风险、拱顶坍塌风险以及施工对周边环境影响的风险。

1. 竖井开挖中井壁坍塌风险

松散的粉细砂层没有黏聚力，自稳能力特别差，当开挖深度过大、开挖范围过广时，容易导致侧壁的坍塌。

2. 开挖面涌水涌砂风险

粉细砂层渗透系数较大，当穿越富水地层时降水效果不佳；隧道开挖过程中地表变形过大导致雨污水、供水管线渗漏或破裂；或受降雨、地表水体入渗影响时，开挖面易发生涌水涌砂事故。

3. 拱顶坍塌风险

在粉细砂层造成拱顶坍塌的原因很多，一般来说有以下几个因素：超前加固效果不好，开挖步距太大或钢格栅架设、喷射混凝土不及时，超挖严重导致开挖范围超出超前注浆加固区；各种原因导致的钢格栅封闭不及时或拱脚不实，带水作业等。

4. 施工对周边环境影响的风险

粉细砂无黏聚力，地层自稳能力差，矿山法施工过程中易对周边建（构）筑物、路面、地下管线等造成影响。

第二节　郑州市地下轨道交通项目工程地质风险影响因素

根据郑州市地下轨道交通项目地质情况及施工过程典型风险事件的调研结果，总结出郑州地下轨道交通工程常见地质风险因素，具体见表7－1。

表7－1　郑州地下轨道交通工程常见地质风险因素

序号	施工方法	地质风险因素	可能发生的风险事件
1	明（盖）挖法	富水粉砂层	砂土液化，产生流砂
			在施作地连墙时成槽过程中塌孔
			基坑开挖过程中易出现地连墙接头处渗漏，基底涌水涌砂、土体超挖，预留土体台阶不合适，基坑边缘地表沉降；开裂
		粉土、粉砂层	围护桩易出现塌孔，造成围护桩侵限
			基坑开挖中易出现超挖，预留土体台阶不合适，导致发生塌滑风险
		透镜体分布钙质胶结/结核土层	护坡桩、地下连续墙施工困难
		基地土层的回弹	中柱桩与周边围护结构的差异沉降
		人工填土、新近沉积土等不良土层	基坑坍塌，既有建（构）筑物变形或沉降增大、倾斜、开裂及地下管网的破坏
		饱和砂层	突水、涌水
		未疏干的地下水	
		承压水	底鼓、突涌
		在颗粒级配不良或粉土、粉细砂含水层中降水	地面塌陷
		钻孔未封填或封填不实	漏浆
		孤石、废弃的构筑物、古井等地下障碍物	护坡桩、地连墙施工困难
2	盾构法	粉土、细砂层	砂土液化、流砂、工作面坍塌、盾尾泄漏、同步注浆效果差、地面塌陷
		始发/到达端头加固范围内地层及分布厚度不一，地下水位高	涌水涌砂、洞门加固土体失稳、造成地表沉降超限、周边环境受影响
		厚层填土、新近沉积土等不良土层	既有建（构）筑物变形或沉降增大、倾斜、开裂及地下管网的破坏
			地表隆起

续表

序号	施工方法	地质风险因素	可能发生的风险事件
2	盾构法	黏粒含量高的黏性土地层	形成泥饼
		松散的砂土地层	盾构施工刀具抱死
		复合地层（软硬地层交界部位）	盾构偏移
		钙质胶结/结核透镜体层	刀具磨损严重
		土层与砂层相间分布的双层结构	地面塌陷
		人工空洞（墓穴、菜窖、施工扰动地层）	
		孤石、废弃的建（构）筑物、古井等地下障碍物	盾构异常停机
3	矿山法	厚层人工填土、新近沉积土等	既有建（构）筑物变形或沉降增大、倾斜、开裂及地下管网的破坏，隧道变断面处、马头门等特殊部位坍塌
		不良土层	
		富水性砂层	掌子面边墙渗水、突水
		粉砂地层	围岩坍塌、地面塌陷
		掌子面上遇到软土层，松散的砂土、粉土或人工填土	掌子面失稳
		土层与砂层相间分布的双层结构	地面塌陷
		在颗粒级配不良或粉土、粉细砂含水层中降水	地面坍塌
		饱和砂层透镜体	突水、涌水
		未疏干的地下水	
		承压水	底鼓、突涌
		钻孔未封填或封填不密实	漏浆
		孤石、废弃的建（构）筑物、古井等地下障碍物	管棚施作困难
		人工空洞（墓穴、菜窖、施工扰动地层）	地面塌陷
4	其他	地下污水管道，可能存在浅层沼气	施工人员中毒、可能对运营造成不良影响
		未封填的钻孔	漏浆
			承压水上升
			地表水体渗漏
			地面塌陷

续表

序号	施工方法	地质风险因素	可能发生的风险事件
4	其他	管线部位钻孔不能实施	管线附近回填土未能准确查清
		勘察时间与施工时间间隔过长	环境条件及地质条件可能发生变化

第三节　郑州市地下轨道交通工程项目安全风险管理制度

安全风险管理政策为"安全第一，预防为主，综合治理"。管理原则为"风险评估，动态监测，预报和预警，决策科学，全面的监控，管理评估，消除盲点，重点抓"。围绕安全风险管理任务和内容，我们需要建立适当的控制系统。对此，郑州铁路运输公司制定了一系列安全管理制度。

（一）安全风险评估与方案论证管理

安全风险识别、分类和评估应在整个施工过程中进行，如初步设计阶段安全风险评估、施工预备期安全风险评估、施工过程安全风险评估。对于如何进行安全风险评估，如何论证安全风险评估的结果，如何有效地与当前的设计、施工、监测和第三方程序的审查等工作联系起来，如何才能将施工单位安全隐患评估工作内容与责任联系起来，需要建立一套专门的管理系统。

（二）环境保护和管理

专门针对周边环境的风险管理工作，包括环境监测、现状监测、专项评估、专项设计、专项方案、现场监测和灾害管理等。

（三）重点风险和技术解决方案的审查和管理

在整个施工过程中，针对高风险和重大风险项目的设计、建设和监测，要进行重点检查。

（四）项目监督管理

城市地下轨道交通的建设项目使用第三方监督，这是对施工方的一个重要的补充监督和审查。在监测方案制定与评审、监测初始值联测验收、监测数据分析与异常对比、监测信息报送、监测预警等方面协调施工监测与第三方监测各自的责任与内容非常关键。

（五） 安全风险评估现场检查和管理

现场检查是城市地下铁路建筑安全风险管理的重要组成部分。检测信息和工程监测数据及其分析是评估安全风险的基础和前提。建设部门、风险控制部门和安全风险咨询部门负责现场核查和安全风险评估。因此，有关各方对安全风险进行现场检查评估的内容、范围、频率、成果和反馈信息应统一规定。

（六） 项目的预警、处置和应对处理

预警是防治施工安全风险的有效管理手段。什么单位应明确负责预警，什么单位应按照不同级别的预警响应，什么单位要进行清除的措施、监管或跟进，哪些单位可以消除警情以及预警、消警和及早应对警示、报警、审批、反馈等过程，构成了预警、处置、应对要解决的主要内容。

（七） 风险监控和账户管理

设计需要进行的风险等级划分，施工需要进行的工程监测、现场检查、安全风险评估、预警及处置等，根据安全风险管理体系的基本要求，都应及时做好记录或台账，便于分析、查阅和可追溯。

（八） 向管理层提供的信息

施工中各种监测数据、检查信息及工程施工进度、工况工序、预警信息等是安全风险管理的信息源和基础性数据，应予以分类、归纳，明确信息报送的内容、形式、时间、频次、程序、报送主体及层级等。

（九） 应急管理

施工安全领域的风险管理必然会出现危险情况、不可预见的风险事件，甚至安全事故，同样应加强管理。

（十） 视频监控管理

在加强地面安全风险管理的过程中，大多数城市地铁建设中都采用在线视频监控等措施。要明确闭路电视安装单位、视频监控安装要求、视频监控录像和信息采集的要求。

（十一） 安全风险履约考核管理

安全风险管理需要齐抓共管，需要工程参与建设各方共同参与、各负其责，是一项十分重要且非常艰巨的质量安全管理工作，但目前还没有出台上位法做出明确规定。为更好地促进项目参与建设各方做好安全风险管

理工作，可依据相应法律法规和合同文件，进一步细化制定针对工程参与建设各方的安全风险管理履约考核管理办法，对工程参与建设各方的安全风险管理工作进行考核管理。

（十二）其他各参建单位安全风险管理制度

其他参建单位在城市地铁工程施工风险管理中应根据建设单位制定的工程安全风险管理制度和工作机制，结合自身安全风险管理内容、职责及工作需要，细化制定安全风险管理制度办法，作为安全质量管理制度的重要组成部分。

第八章

郑州市轨道交通 PPP 模式下的可保风险管理工作方案设计

郑州市城市轨道交通项目周期可以划分为三个阶段——规划设计阶段、施工阶段、运营阶段，其安全风险管理也应从规划设计、施工到运营全过程加强。下面从不同阶段探讨其风险管理措施。

第一节　规划设计阶段的安全风险管理

在规划设计阶段，工作主要是进行区域地质评估、工程地质勘查和评估、线路比选、施工安全检验和监测计划评估等。具体工作内容有：制定针对设计方案的安全审查内容及程序；审查地质、水文勘察资料，地下管线资料及相邻建筑物的资料；审查与岩土和地下土层结构工程有关的设计；审核有关的施工方法、辅助工艺、施工准则和特殊条款；审查施工有关安全措施和方法；审查施工单位监测系统人员和装备的配置原则，建立健全全线工程监测网；建立健全资料数据库和风险管理信息系统；提出设计阶段的安全风险管理报告等。

工程规划设计阶段的主要风险分担工作为：项目构思、可行性研究报告的编报与批复、社会稳定性风险评估、价值分析（VFM）、财政负担能力评估、招投标文件的编报与资格预审。

在 PPP 项目的准备阶段，按照风险分担机制的要求，主要是完成项目风险的初次分配。项目构思结束后，开始进行可行性研究报告和社会稳定性风险评估报告的编报，直到通过审批，在此过程中需要完成项目风险因素的识别与排序，明确主要风险因素。值得注意的是，在准备阶段不是所有风险因素都能被识别出来，各参与方要做好在项目后面几个阶段中处理新出现风险的准备。与此同时，对拟采用 PPP 模式建设的项目进行价值分析（VFM）及财政负担能力评估，以此作为是否采用 PPP 模式的根据。

对于工程立项过程中几个审批环节之间的关系，国家发改委于 2014 年底发布的《关于开展政府和社会资本合作的指导意见》进行了解释，文件指出"为提高工作效率，可会同相关部门建立 PPP 项目的联审机制，从项目建设的必要性及合规性、PPP 模式的适用性、财政承受能力以及价格的合理性等方面，对项目实施方案进行可行性评估，确保物有所值。审查结果作为项目决策的重要依据"。此处有一个需要特别注意的地方，即 PPP 模式并不适用于全部的基础设施建设项目，即使是通过了价值分析（VFM）及财政负担能力评估的项目。对于 PPP 模式的确定，应当在价值分析（VFM）及财政负担能力评估结果基础上，根据识别出的项目主要风险因素，结合项目自身特点，进行 PPP 模式适用性分析，判断项目是否适合采用 PPP 模式。

准备阶段的风险分担工作一般由公共管理部门负责，公共管理部门根据风险分析结果，初步判断哪些风险因素本单位最具控制力，将其作为公共管理部门的自留风险，剩余风险转交给私营部门，自此完成项目风险的初次分配。公共管理部门在初步风险分担方案的基础上，编制招标文件并发布招标公告。

第二节　施工阶段的安全风险管理

施工阶段的安全风险管理工作主要包括：建立安全管理体系、事故预测与防范、邻近建（构）筑物保护、工程保险与索赔等。

一　主要内容

施工阶段安全风险管理的主要工作内容有：督促和检查施工单位建立健全安全风险管理机制；检查施工单位的施工方案、施工组织及安全措施；检测各个车站、各区间施工中可能发生的安全隐患；确定现场监测的对象、项目内容、范围以及监测频率，并实施监测；检查施工降水、地层注浆、临时工程设计和重要管线及建筑物的保护方案；参与施工中一些关键技措施的可行性和有效性审定，并对相应的安全风险管理及时做出评价；综合分析监测数据和地质状况，对施工影响区内的环境安全形势做出及时、可靠的评估，及时进行预警和报警，并提出处置建议和措施；当发生生态环境破坏事件及社会矛盾纠纷时，提供可靠、公正的监测资料，用以厘清各相关方的责任；加强安全技术培训和安全知识教育，提高施工人员和管理人员的安全风险技术水平和管理水平；结合测量情况及有关科研情报，开展必要的专题研究与专项试验等。

二 安全风险监控项目

施工过程安全风险监测是指在动态监测和控制的整个过程中，监测可能的安全风险和可能发生的安全风险事件的过程。地铁施工过程中的安全风险管理主要通过工程监测、现场检查和及时监控等手段，在施工准备期的施工风险评估基础上，及时开展安全状态的动态评价，并主要对开挖面（工作面）地质状况、围（支）护体系安全性、周边环境受施工影响情况、施工工艺及设备的适用性、施工组织管理及作业状态的合理性和合规性等方面进行监测、检查、动态评估、预警及处理等，及时发现安全风险并采取有效措施控制，避免发生工程风险事件。

安全风险监控项目在满足工程支护结构安全性和周边环境保护条件要求的情况下，区分不同的施工方法，依据支护结构设计方案和周围岩土体及周边环境条件等综合确定。基于郑州市地理、地质特点和郑州市地铁工程建设管理的特点，结合调研结果，确定郑州市地铁工程建设的不同施工工法在施工过程中的安全风险监控项目。

（一）明（盖）挖法基坑工程

现行国家基坑和支护规范及地方基坑支护规则或监测规程，对监控量测项目有相应的规定，各地因地质条件和支护条件及周边环境条件的不同，监控量测项目也可能不尽相同。因此，有必要结合郑州地区地质条件、地铁基坑工程支护条件及周边环境条件，根据安全风险监控级别、工程影响分区、支护结构特点、施工工艺及变形控制要求等针对性地确定基坑工程的安全风险监控项目。

明（盖）挖法基坑围护结构和周围岩土体监测项目根据表 8 - 1 选择。

表 8 - 1　明（盖）挖法基坑监测项目

监测项目	工程监测等级		
	一级	二级	三级
围护桩（墙）、边坡顶部水平位移	√	√	√
围护桩（墙）、边坡顶部竖向位移	√	√	○
围护桩（墙）水平位移	√	√	○
围护桩（墙）结构应力	○	○	○
立柱结构竖向位移	√	○	○
立柱结构应力	○	○	○
支撑轴力	√	√	√
顶板应力	○	○	○
锚杆拉力	√	√	√
土钉拉力	○	○	○
地表沉降	√	√	√
竖井初期支护井壁净空收敛	√	√	√
土体深层水平位移	○	○	○
土体分层竖向位移	○	○	○
坑底隆起（回弹）	○	○	○
围护墙侧向土压力	○	○	○
地下水位	√	√	√
孔隙水压力	○	○	○

注：√——应测项目，○——选测项目。

　　明（盖）挖法基坑施工现场巡查包括施工工况、支护结构、周边环境以及监测设施四方面内容（见表 8 - 2）。

表 8 - 2　明（盖）挖法基坑现场巡查内容

分类	巡查内容
施工工况	开挖长度、分层高度及坡度，开挖面暴露时间
	开挖面岩土体的类型、特征、自稳性，渗漏水量大小及变化情况
	降水、回灌等地下水控制效果及设施运转情况
	基坑侧壁及周边地表截、排水措施及效果，坑边或基底有无积水

续表

分类	巡查内容
施工工况	支护桩（墙）后土体有无裂缝、明显沉陷，基坑侧壁或基底有无涌土、流砂、管涌
	基坑周边有无超载
	放坡开挖的基坑边坡有无位移、坡面有无开裂
	其他
支护结构	支护桩（墙）有无裂缝、侵限情况
	冠梁、围檩的连续性，围檩与桩（墙）之间的密贴性，围檩与支撑的防坠落措施
	冠梁、围檩、支撑是否过大或有裂缝
	支撑是否及时架设
	盖挖法顶板有无明显开裂，楼板与立柱、墙体的连接情况
	锚杆、土钉垫板有无明显变形、松动
	止水帷幕有无开裂、较严重渗漏水
	其他
周边环境	建（构）筑物、桥梁墩台或梁体、既有轨道交通结构等的裂缝位置、数量和宽度，混凝土剥落位置、大小和数量，设施能否正常使用
	地下构筑物积水及渗水情况，地下管线的漏水、漏气情况
	周边路面或地表的裂缝、沉陷、隆起、冒浆的位置和范围等情况
	河流湖泊的水位变化情况，水面有无出现旋涡、气泡及其位置、范围，堤坡裂缝宽度、深度、数量及变化趋势等
	工程周边开挖、堆载、打桩等可能影响工程安全的其他生产活动
	其他
监测设施	基准点、监测点的完好状况、保护情况
	监测元器件的完好状况、保护情况
	其他

（二）盾构法隧道工程

根据《城市轨道交通工程监测技术规范》（GB 50911—2013），盾构法隧道管片结构和周围岩土体监测项目应根据表 8 - 3 选择。

表 8 - 3　盾构法隧道管片结构和周围岩土体仪器监测项目

监测项目	工程监测等级		
	一级	二级	三级
管片结构竖向位移	√	√	√

续表

监测项目	工程监测等级		
	一级	二级	三级
管片结构水平位移	√	○	○
管片结构净空收敛	√	√	√
管片结构应力	○	○	○
地表沉降	√	√	√
土体深层水平位移	○	○	○
土体分层竖向位移	○	○	○
地层与管片的接触压力	○	○	○

注：√——应测项目，○——选测项目。

盾构法隧道施工现场巡查内容宜按表 8-4 执行。

表 8-4 盾构法隧道施工现场巡查内容

分类	巡查内容
施工工况	盾构始发端、接收端土体加固情况
	盾构掘进位置（环号）
	盾构停机、开仓等的时间和位置
	联络通道开洞口情况
	其他
管片变形	管片破损、开裂、错台情况
	管片渗漏水情况
	其他
周边环境	建（构）筑物、桥梁墩台或梁体、既有轨道交通结构等的裂缝位置、数量和宽度，混凝土剥落位置、大小和数量，设施能否正常使用
	地下构筑物积水及渗水情况，地下管线的漏水、漏气情况
	周边路面或地表的裂缝、沉陷、隆起、冒浆的位置和范围等情况
	河流湖泊的水位变化情况，水面有无出现旋涡、气泡及其位置、范围，堤坡裂缝宽度、深度、数量及变化趋势等
	工程周边开挖、堆载、打桩等可能影响工程安全的其他生产活动
	其他
监测设施	基准点、监测点的完好状况、保护情况
	监测元器件的完好状况、保护情况
	其他

（三）矿山法隧道工程

根据《城市轨道交通工程监测技术规范》（GB 50911—2013），矿山法隧道支护结构和周围岩土体监测项目应根据表 8-5 选择。

表 8-5　矿山法隧道支护结构和周围岩土体仪器监测项目

监测项目	工程监测等级		
	一级	二级	三级
初支结构拱顶沉降	√	√	√
初支结构底板隆起	√	○	○
初支结构净空收敛	√	√	√
中柱结构竖向位移	√	√	○
中柱结构应力	○	○	○
初期支护结构、二次衬砌应力	○	○	○
地表沉降	√	√	√
土体深层水平位移	○	○	○
土体分层竖向位移	○	○	○
围岩压力	○	○	○
地下水位	√	√	√

注：√——应测项目，○——选测项目。

矿山法隧道施工现场巡查内容宜按表 8-6 执行。

表 8-6　矿山法隧道施工现场巡查内容

分类	巡查内容
施工工况	开挖步序、步长、核心土尺寸等情况
	开挖面岩土体的类型、特征、自稳性，地下水渗漏及变化情况
	开挖面岩土体有无坍塌及坍塌的位置、规模
	降水或止水等地下水控制效果及降水设施运转情况
	其他
支护结构	超前支护施作情况及效果，钢拱架架设、挂网及喷射混凝土的及时性，连接板的连接及锁脚锚杆的打设情况
	初期支护结构渗漏水情况
	初期支护结构开裂、剥离、掉块情况
	临时支撑结构有无明显变位

续表

分类	巡查内容
支护结构	二衬结构施作时临时支撑结构分段拆除情况
	初期支护结构背后回填注浆的及时性
	其他
周边环境	建（构）筑物、桥梁墩台或梁体、既有轨道交通结构等的裂缝位置、数量和宽度，混凝土剥落位置、大小和数量，设施能否正常使用
	地下构筑物积水及渗水情况，地下管线的漏水、漏气情况
	周边路面或地表的裂缝、沉陷、隆起、冒浆的位置和范围等情况
	河流湖泊的水位变化情况，水面有无出现旋涡、气泡及其位置、范围，堤坡裂缝宽度、深度、数量及变化趋势等
	工程周边开挖、堆载、打桩等可能影响工程安全的其他生产活动
	其他
监测设施	基准点、监测点的完好状况、保护情况
	监测元器件的完好状况、保护情况
	其他

第三节 运营阶段的安全风险管理

一 风险因素

建设项目交付使用后，风险分担机制进入风险监测和再分配的运行阶段。这个阶段的主要目标是确定分配的风险因素是否有任何变化，以及通过风险监测确定新的未定义风险因素，然后根据变化重新分配风险。这个过程贯穿项目生命周期，直到项目的生命周期结束。对于新的风险因素，按照前一阶段的风险分担机制进行分配。对于已确定但变化的风险因素，有必要分析这些变化是否对项目有不利影响，或者是否有不良后果，按照前一阶段的风险分担机制重新分配风险。如果项目盈利，各方将按照合同分享收益。

二 管理制度

在运营阶段，安全风险管理主要包括：地下铁路运输安全管理目标的定义；完善安全管理制度，制定安全管理程序；制订应急救援计划；完善救援体系，建立应急工作的安全管理制度；加强安全领域的科学技术研究，保证运行安全；加强安全文化建设，提高安全管理水平。

地下铁路运输经营者建立和完善安全生产体系、特种设备安全体系、安全培训体系、安全检查和应急程序等规章制度。明确领导、员工的安全生产责任，明确与安全生产密切相关的职责形成、结构，建立安全生产责任制度，在每个企业，建立安全责任全面覆盖系统。定期核实有关规章制度的执行情况，处理突发事件，定期排练，确保遵守规章制度和责任追究。要配备充足安全管理人员，加强日常的安全检查，加强对车站进行安全检查，早发现、早处置，避免可能的安全问题，消除安全风险。

地下轨道交通运营商加大宣传推广力度，普及安全知识，编写安全意识宣传材料，开展广泛的社会广告。为了保持运输路线、疏散路线、平交路口警告标志和其他安全疏散指示标志清晰易懂，让大部分乘客熟悉应急疏散和自我保护的方法，提高乘客的安全性和防范能力及自我服务的意识，应该定期开展应对各类突发风险的活动，重点是演练抢险、救助乘客的技能，提高应对地下铁路运营紧急情况的能力，以及处理早期灾难的能力。

三　风险管理主要环节

（1）《特许经营协议》应当明确的内容。在一般情况下，它应清楚地表明运营期间内乘客服务指标和控制与惩罚机制，如具体运营时间、最大停车间隔、最大负载因子、发车数量、出发正点率、各种硬件系统的可靠性。如果特许公司违约导致《特许经营协议》终止，市政府将支付比社会投资者投资于这部分资产形成的净账面价值少得多的资金，社会投资者将因此承担一个巨大的投资损失。因此，社会投资者可以得到鞭策，政府可以充分保护公共利益。与此同时，在《特许经营协议》中规定，特许权期限届满后，特许公司将部分项目设施转移给市政府。如果市委、市政府决定继续此类专营项目的运作模式，在同样的条件，特许公司将被优先考虑，确保客运服务的连续性和稳定性，有效防止发生项目风险，保证项目公益性。

（2）运营单位的责任。城市轨道交通业务的运营单位，需要对城市轨道交通运营依法负起安全责任，建立安全管理机构，配备专职安全生产管理工作人员，为安全生产创造条件，提供必要的资金投入。根据打击恐怖主义、消防相关规定，在城市轨道交通设施里配置报警、灭火、逃生、防汛、防爆、保护和监测、应急疏散照明、应急救援等方面的设备和器材，定期检查、维修和更新，并使之保持良好状态。负责城市轨道交通设施的管理和维护，并定期对土建工程、车辆和作业设备进行维护、检查和及时维修，确保其安全状况。检查维护记录，并将其保存到施工期限、车辆和设备使用期限到期。需要长期监测城市轨道交通的关键零部件和关键设备，评估城市轨道交通土建工程对城市的影响，定期组织评估城市轨道交通的安全性和对薄弱环节安全方面采取的措施。在发生地震、火灾等重大灾害事件后，经营城市轨道交通的单位必须对城市轨道交通进行安全检查，并在检查后恢复运行。城市轨道交通车辆在地面行驶时，遇到沙尘暴、冰雹、雨、雪、雾、结冰等影响城市轨道交通运营安全的气象条件，运营商必须开始启动应急预案，并按照操作程序妥善安全处置。在紧急情况下，城市轨道交通的客流量增多加大了安全风险，城市轨道交通运营部门可以采取临时措施，限制客流量，确保运营安全。在自然灾害、恶劣气象条件或者未能采取措施确保安全运行等情况下，运营单位可以停止部分线路的运行，但它应该提前向社会公布，并向城市轨道交通管理部门报告。城市轨道交通运营过程中造成旅客伤亡的，城市轨道交通部门应当承担相应的损害赔偿责任；能够证明受害者是故意的除外。

（3）政府部门的责任。政府轨道交通管理部门应当会同有关部门制定紧急情况行动计划。当发生地震、火灾或其他紧急情况时，城市轨道交通运营单位和工作人员应立即拨打报警电话和疏散人员，并采取适当的应急抢救措施。城市轨道交通运营中发生重大安全事故，城市轨道交通管理部门和城市轨道交通运营单位必须按照应急预案处理事故。在城市轨道交通运营中发生人员伤亡事故时，应按照及时救援伤者、迅速排除故障、恢复正常工作和后处理事故的原则处理，并及时按照国家有关规定向有关部门报告；公安部门开展现场调查和检查现场时，城市轨道交通管理部门和城市轨道交通运营单位应积极配合，按照法律规定进行现场处理。

四　可保风险

城市轨道交通项目可保风险主要是工程保险。可保风险可以根据工程类型具体细分。在建设期间，可保风险包括：灾害风险、土建施工和重建风险、设备购置安装风险、调试风险和恐怖主义风险。在运营期间，可保风险包括：客运风险、车辆运营风险、设施安全风险和恐怖主义风险。不同时期的可保风险对应着相应的保险险种。建设期的保险险种主要有：建筑工程一切险、安装工程一切险、第三者责任险、施工机器设备险、运输险、人身意外伤害险、雇主责任险等。运营期的保险险种主要有：财产一切险、利润损失险、机器损坏险、雇主责任险、公众责任险、现金保险、营业中断险、恐怖活动险、货物运输险、机动车辆险等。

保险险种中，有些可以作为附加险种，或者在主要的保险险种中通过扩展条款的形式表示出来，如对于第三者责任险，我国一般将其作为建筑工程一切险的附加险种，统称建筑工程一切险附加第三者责任险；利润损失险、雇主责任险、恐怖活动险、货物运输险都可以作为财产一切险的扩展条款。对于有些可保风险，如恐怖主义风险，目前我国还没有对应的险种，只有通过扩展条款的形式才能将其纳入保险范畴。选择扩展条款时，一方面应注意其措辞，扩展条款一般都有规范的措辞，在具体应用时可以自行修改以确保风险的转移；另一方面还应注意可保风险的覆盖面和保险费用之间的关系，考虑将可保风险尽可能全面覆盖，但对于一些发生概率小且损失小的风险，若投保金额高于其造成的损失，亦可将其置于保险范围之外。

轨道交通工程可保风险及其对应保险险种众多，应根据具体工程性质、可保风险种类选择适合的保险险种组合。从项目全生命周期角度考虑，可在建设期开始前投保建设期工程保险的时候，将运营期的保险险种和建设期保险险种放在一张保单中，这样一方面可以避免在建设期和运营期的过渡阶段失去保险造成的损失，另一方面可以降低全生命周期的保险费用。

（一）工程保险的特点

（1）被保险人的广泛性。工程建设项目涉及的关系方很多，如业主、承包商、分包商、监理、设备供应商、政府主管部门和贷款银行等。这些关系方对工程项目有着不同的利益和责任，因此工程险保单常把上述关系方均列为被保险人。

（2）保险期限的不确定性。保险期限的不确定性主要表现在两个方面：

一是工程保险的期限是根据施工工期确定的，少则几年多则几十年，而普通企业财产保险的保险期限一般是固定的 1 年；二是工程保险期限起止日期的实现不像普通财产保险那样以列明的具体日期为准，它的保险责任通常以工程动工或材料运抵工地时间为起始时间，以实际完工验收或交付使用之时为终止时间。工程项目建设完毕交付使用后工程保险责任即告终止，此时只能转入企业财产保险，而不存在工程保险的续保。

（3）保险金额的渐增性。工程保险的保险金额在保险期限内是随着工程建设进度与原材料、机具及人工的不断投入而逐渐增加的，直到工程竣工验收移交时，保险金额达到最高水平。因此，在保险期限内被保险人应随时报告工程进度和原材料的使用情况，以便保险人根据这些情况及时调整保险金额。

（4）承保风险的综合性。工程保险承保风险的综合性主要体现在以下四个方面。一是工程保险除了保障工程建设项目的财产损失外，还涉及因发生与所保工程直接相关的意外事故造成的工地内及邻近区域的第三者人身伤亡、疾病或财产损失，这些依法也应由被保险人承担的经济赔偿责任。二是工程保险的多数险种都对列明的除外责任以外的任何自然灾害或意外事故所造成的物质损失和第三者责任负责赔偿。三是工程保险除了基本条款之外，还有众多的扩展条款。投保人可以根据自身的需求，通过扩展条款来增加保险人的责任保障范围。四是工程保险所承保的标的直接裸露于各类风险中，在特定时期其抵御特定风险的能力大大低于普通财产险标的；建设工程始终处于动态过程之中，各类风险相互交织、错综复杂，工程风险识别和风险程度确定的难度非常大。

（5）赔偿以功能恢复为主。一般财产保险对于损失财产的赔偿虽然也体现在功能恢复上，但其功能恢复与外观面貌等常具有一致性。也就是说，一般财产损失的功能恢复后，其外观也基本恢复原貌。而损失工程修复后，其外观面貌与损失发生前可能完全不同，但使用功能与损失前基本一样。因此，在鉴定工程险事故是否发生以及确定赔偿时，着重点为评价相关工程项目在事故发生前后以及修复前后的功能变化。

（6）建筑工程保险与安装工程保险承保内容具有交叉性。工程建设项目中通常包含着安装项目，如房屋建筑中的供电、供水设备安装等，而安装工程中一般又包含着建筑工程项目，如安装大型机器设备就需要将土木建筑打好基座等。因此，建筑工程保险与安装工程保险通常是互相交叉、紧密相连的。

（二）建设期保险险种

（1）建筑工程一切险及第三者责任险。建筑工程一切险是承保各类民用、工业和公用事业建筑工程项目，包括道路、桥梁、水坝、港口等，在建造过程中因自然灾害或意外事故而遭受的一切损失的险种。因在建工程抗灾能力差，危险程度高，一旦发生损失，不只会对工程本身造成巨大的物质财富损失，甚至可能殃及邻近人员与财物。因此，随着各种新建、扩建、改建的建设工程项目日渐增多，许多保险公司已经开设这一险种。

建筑工程一切险往往还加保第三者责任险。第三者责任是指在保险有效期内在施工工地上发生意外事故造成在施工工地及邻近地区的第三者人身伤亡或财产损失，依法应由被保险人承担的经济赔偿责任。

（2）安装工程一切险及第三者责任保险。安装工程一切险及第三者责任保险是同建筑工程一切险及第三者责任保险一起发展起来的一种综合性的工程保险业务，两者在承保形式上和内容上基本一致，是为工程项目提供保险保障的两个相辅相成的险种，只是安装工程一切险及第三者责任保险针对安装机器设备的特点，在除外责任和赔偿处理方面与建筑工程一切险及第三者责任保险有所区别。

安装工程一切险是承保安装机器、设备、储油罐、钢结构工程、起重机、吊车以及包含机械工程因素的各种安装工程的险种。由于科学技术日益进步，现代工业的机器设备已进入电子计算机操控的时代，工艺精密、构造复杂，技术高度密集，价格十分昂贵。在安装、调试机器设备的过程中遇到自然灾害和意外事故都会造成巨大的经济损失。安装工程一切险可以保障在机器设备安装、调试过程中，被保险人可能遭受的损失能够得到经济补偿。

安装工程一切险往往还加保第三者责任险。安装工程一切险的第三者责任险，负责赔偿被保险人在保险期限内，因发生意外事故，造成在工地及邻近地区的第三者人身伤亡、疾病或财产损失，依法应由被保险人赔偿的经济损失，以及因此而支付的诉讼费用和经保险人书面同意支付的其他费用。

（3）施工机器设备险。施工机器设备保险是以施工机器设备为保险标的，以施工机器设备损坏为赔偿前提，以施工机器设备的重置价值为承保基础，承担被保险施工机器设备在保险期限内工作、闲置或检修保养时，因除外责任之外的突然的、不可预料的意外事故造成的物质损失或灭失的一种保险。施工机器设备险属于企业财产保险的附加险种，被保险人投保财产综合险或者财产一切险，可附加投保施工机器设备险。

（4）运输险。从保障范围来看，运输险要比普通财产保险广泛得多。在发生保险责任范围内的灾害事故时，普通财产保险仅负责被保险财产的直接损失以及为避免损失扩大采取施救、保护等措施而产生的合理费用。运输险除了负责上述损失和费用外，还要承担货物在运输过程中因破碎、渗漏、包装破裂、遭受盗窃以及整件货物提货不着而引起的损失，以及按照一般惯例应分摊的共同海损和救助费用。

（5）人身意外伤害险。是指被保险人在保险有效期内，因非本意的、外来的、突然发生的意外事故，致使身体蒙受伤害而残废或死亡时，保险公司按照保险合同的规定给付保险金的保险。人身意外伤害险是人身保险的一种，简称意外伤害保险。

（6）雇主责任险。在保险合同期间内，凡被保险人的雇员，在其雇佣期间因从事保险单所载明的被保险人的工作而遭受意外事故或患与工作有关的国家规定的职业性疾病所致伤、残或死亡，对被保险人因此依法应承担的下列经济赔偿责任，保险公司依据保险合同，在约定的赔偿限额内予以赔付：死亡赔偿金、伤残赔偿金、误工费用、医疗费用。经保险公司书面同意的必要的、合理的诉讼费用，保险公司负责在保险单中规定的累计赔偿限额内赔偿。

（三）运营期保险险种

（1）财产一切险。财产一切险的标的物及费用一般可包括：建筑物（包括装修）、机器设备、办公用品、仓储物品、清除残骸费用、灭火费用等。财产一切险的保障范围比较广。被保险人遵守保险单中的各项约定，是人保财险公司承担赔偿责任的先决条件。在投保了财产一切险的基础上，经与人保财险公司协商一致，可由保险公司加批若干附加条款，以增加对被保险人的保障程度。

（2）利润损失险。利润损失险又称"营业中断保险"，是依附于财产保险的一种扩大的保险。一般的财产保险只对各种财产的直接损失负责，不负责因财产损毁所造成的利润损失。利润损失保险则是针对工商企业特别提供的一种保险。它承保的是被保险人受灾后停业或停工的一段时期内（即估计企业财产受损后恢复营业达到原有水平所需的时间）的可预期的利润损失，或是仍需开支的费用。例如，由于商店房屋被焚不能营业而引起的利润损失，或是企业在停工、停业期间仍需支付的各项经营开支，如工资、房租、水电费等。

（3）机器损坏险。机器损坏保险在保险标的、赔偿前提、承保基础等方面与施工机器设备险一致，但承包对象为机器本身的机械或电气原因以及操作不善或恶意破坏等造成的损失，如机车操作不当造成的损失。它也属于企业财产保险的附加险种，被保险人投保财产综合险或者财产一切险，可附加投保机器损坏险。

（4）雇主责任险。是在建设期与运营期都要投保的保险。

（5）公众责任险。公众责任保险又称"普通责任保险"或"综合责任保险"。它主要承保被保险人在公共场所进行生产、经营或其他活动时，因发生意外事故而造成的他人人身伤亡或财产损失，依法应由被保险人承担的经济赔偿责任。投保人可就工厂、办公楼、旅馆、住宅、商店、医院、学校、影剧院、展览馆等各种公众活动的场所投保公众责任保险。

（6）现金保险。现金保险是一种特殊的财产保险，承保被保险人存放在保险柜中的现金及有价证券等因火灾、雷电、爆炸、风暴、洪水等自然灾害或意外事故及盗窃、抢劫而遭受的损失。

（7）恐怖活动险。我国尚未整体推出恐怖活动险，仅有西藏等个别地区开设了恐怖活动险。对因恐怖活动造成的损失实施保险。

（8）货物运输险。货物运输保险是以运输途中的货物作为保险标的，保险人对由自然灾害和意外事故造成的货物损失负赔偿责任的保险。类型分为：铁路货物运输保险、水路货物运输保险、航空货物运输保险、公路货物运输保险。由于投保险别不同，其保险费率各异，赔偿的范围也有区别。所以，外贸公司应根据出口商品的性质、不同的运输工具、路程的远近、季节性天气的变化，以及运抵国当时的具体情况等有关因素确定投保哪一种险别较合理。

（9）机动车辆险。机动车辆保险，简称"车险"，也称作汽车保险。车辆是指汽车、电车、电瓶车、摩托车、拖拉机、各种专用机械车、特种车。它是指对机动车辆由于自然灾害或意外事故所造成的人身伤亡或财产损失负赔偿责任的一种商业保险。汽车保险是财产保险的一种，在财产保险领域中，汽车保险属于一个相对年轻的险种，这是由于汽车保险是伴随着汽车的出现和普及而产生和发展的。同时，与现代机动车辆保险不同的是，在汽车保险的初期是以汽车的第三者责任险为主险的，并逐步扩展到车身的碰撞损失等风险。

第九章

郑州市轨道交通 PPP 模式下的可保
风险管理工作实施

轨道交通项目的可保风险一般是工程风险，但在 PPP 模式下，其风险因素还有经济风险和政治风险。由于经济风险和政治风险在我国还没有相应的保险险种，相应风险由最有利于控制风险的合作方——地方政府管理，所以，本章主要集中关注工程保险。

第一节　建设期间保险管理实务

一　建筑工程一切险及第三者责任保险

从建筑工程一切险及第三者责任保险的名称可以看出，该险种包括物质损失保险和第三者责任保险两部分。投保人在购买保险时必须投保物质损失保险部分，同时可以选择是否投保第三者责任保险部分。

（一）保险责任

1. 物质损失部分的保险责任

物质损失部分的保险责任有以下两种情况。一是在保险期间，保险财产在列明的工地范围内，因责任免除以外的任何自然灾害或意外事故遭受的物质损坏或灭失，保险人按约定负责赔偿。二是在保险期间，保险人按照约定负责赔偿保险责任事故发生造成保险标的的损失所产生的以下费用：保险事故发生后，被保险人为防止或减少保险标的的损失所支付的必要的、合理的费用和保险合同列明的因发生上述损失而产生的其他有关费用。

2. 第三者责任部分的保险责任

第三者是指除被保险人和其所雇用的在工地现场从事与工程有关工作的职员、工人及上述人员的家庭成员以外的任何自然人和法人；赔偿责任是被保险人在民法项下应对第三者承担的经济赔偿责任，不包括刑事责任和行政责任。赔偿责任不得超过保险单中规定的每次事故赔偿限额或保险单有效期内的累计赔偿限额。第三者责任部分的保险责任主要有以下两种情况。一是在保险期间，因发生与所承保工程直接相关的意外事故而引起工地内及邻近区域的第三者人身伤亡、疾病或财产损失，依法应由被保险人承担的经济赔偿责任。二是保险事故发生后，被保险人因保险事故而被提起仲裁或者诉讼的，对应由被保险人支付的仲裁或诉讼费用以及其他必要的、合理的费用，经保险人书面同意，保险人按照约定也负责赔偿。

3. 试车和考核期的保险责任

机器设备在安装完毕后，投入生产性使用前，为了保证正式运行的可靠性、准确性，必须进行试车。试车期通常被认为是风险相对集中的时期。因此，保险人只对新机器在试车期内因试车引起的损失、费用和责任负责赔偿。同时保险人仅对在保险合同明细表中列明的试车和考核期间试车和考核所引发的损失、费用和责任负责赔偿；若保险设备本身是在本次安装前已被使用过的设备或转手设备，则自其试车之时起，保险人对该项设备的保险责任即行终止。

（二）除外责任

1. 物质损失部分的除外责任

下列原因造成的损失、费用，保险人不负责赔偿：

①设计错误引起的损失和费用；

②自然磨损、内在或潜在缺陷、物质本身变化、自燃、自热、氧化、锈蚀、渗漏、鼠咬、虫蛀、大气（气候或气温）变化、正常水位变化或其他渐变原因造成的保险财产自身的损失和费用；

③原材料缺陷或工艺不善引起的保险财产本身的损失以及为换置、修理或矫正这些缺点所支付的费用；

④非外力引起的机械或电气装置的本身损失，或施工用机具、设备、机械装置失灵造成的本身损失。

下列损失、费用，保险人也不负责赔偿：

①维修保养或正常检修的费用；

②档案、文件、账簿、票据、现金、各种有价证券、图表资料及包装物料的损失；

③盘点时发现的短缺；

④领有公共运输行驶执照的，或已由其他保险予以保障的车辆、船舶和飞机的损失；

⑤除非另有约定，在保险工程开始以前已经存在或形成的位于工地范围内或其周围的属于被保险人的财产的损失；

⑥除非另有约定，在保险合同保险期终止以前，保险财产中已由工程所有人签发完工验收证书或验收合格或实际占有或使用或接收部分的损失。

2. 第三者责任部分的除外责任

下列原因造成的损失、费用，保险人不负责赔偿：

①由震动、移动或减弱支撑造成的任何财产、土地、建筑物的损失及由此造成的任何人身伤害和物质损失；

②领有公共运输行驶执照的车辆、船舶、航空器造成的事故。

下列损失、费用，保险人也不负责赔偿：

①在物质损失项下或本应在该项下予以负责的损失及各种费用；

②工程所有人、承包人或其他关系方或其所雇用的在工地现场从事与工程有关工作的职员、工人及上述人员的家庭成员的人身伤亡或疾病；

③工程所有人、承包人或其他关系方或其所雇用的职员、工人所有的或由上述人员所照管、控制的财产发生的损失；

④被保险人应该承担的合同责任，但无合同存在时仍然应由被保险人承担的法律责任不在此限。

3. 通用除外责任

建筑工程一切险及第三者责任保险除了上面专门针对物质部分和第三者责任部分的除外责任以外，还有同时适用于这两部分的通用除外责任。

下列原因造成的损失、费用和责任，保险人不负责赔偿：

①战争、类似战争行为、敌对行为、武装冲突、恐怖活动、谋反、政变；

②行政行为或司法行为；

③罢工、暴动、民众骚乱；

④被保险人及其代表的故意行为或重大过失行为；

⑤核裂变、核聚变、核辐射、核爆炸、核污染及其他放射性污染；

⑥大气污染、土地污染、水污染及其他各种污染。

下列损失、费用，保险人也不负责赔偿：

①工程部分停工或全部停工引起的任何损失、费用和责任；

②罚金、延误、丧失合同及其他损失；

③保险合同中载明的免赔额或按载明的免赔率计算的免赔额。

二　安装工程一切险及第三者责任保险

安装工程一切险及第三者责任保险是同建筑工程一切险及第三者责任保险一起发展起来的一种综合性的工程保险业务，两者在承保形式和内容上基本一致，是为工程项目提供保险保障的两个相辅相成的险种，只是安装工程一切险及第三者责任保险针对安装机器设备的特点，在除外责任和赔偿处理方面与建筑工程一切险及第三者责任保险有所区别。因此，本节主要介绍安装工程一切险及第三者责任保险与建筑工程一切险及第三者责任保险的不同之处。

（一）物质损失部分

1. 保险责任

物质损失部分的安装工程一切险及第三者责任保险与建筑工程一切险及第三者责任保险责任的区别，主要体现除外责任方面，具体表现为以下两条。

（1）设计错误、铸造或原材料缺陷或工艺不善引起的被保险财产本身的损失以及为换置、修理或矫正这些缺点所支付的费用。

在建筑工程一切险及第三者责任保险中，对于"设计错误引起的损失和费用"，保险人不负责赔偿，包括设计错误的被保险财产本身的损失和因此造成的其他被保险财产的损失。而安装工程一切险及第三者责任保险只是对设计错误引起的被保险财产本身的损失和费用不予以赔偿。这是由于存在设计错误、铸造或原材料缺陷或工艺不善的被保险机器设备本身的损失，应由设备供应商或生产厂商负责赔偿，而不应由保险人承担赔偿责任。

安装工程一切险及第三者责任保险对待这类损失有三种情况。

第一，存在设计错误、铸造或原材料缺陷或工艺不善的被保险机器设备本身的损失，应由机器设备的生产厂家根据购货合同进行赔偿，安装工程一切险及第三者责任保险不予赔偿。

第二，为了换置、修理或矫正这些存在设计错误、铸造或原材料缺陷或工艺不善的被保险机器设备本身的缺点所支付的费用，也应由生产厂家根据购货合同进行赔偿，而不应由安装工程一切险及第三者责任保险承保。

第三，由这些设计错误、铸造或原材料缺陷或工艺不善的被保险机器设备造成其他被保险财产的损失，安装工程一切险及第三者责任保险可以赔偿，但在赔偿之后有权向设备制造厂商追偿。而建筑工程一切险及第三者责任保险既不承保因设计错误等原因引起的保险财产本身的损失及费用，也不承保因此而造成的其他保险财产的损失和费用。

（2）超负荷、超电压、碰线、电弧、漏电、短路、大气放电及其他电气原因造成的电气设备或电气用具本身的损失。

安装工程通常会面对大量的电气设备或电气用具的安装和调试，经常会发生由超负荷、超电压等电气原因造成的事故，而这类事故又往往是由电气设备本身存在的质量问题造成的。因此，安装工程一切险及第三者责任保险将这类风险损失作为除外责任。

2. 赔偿处理

安装工程经常涉及成对或成套的机械设备，而这类机械设备出险后的理算非常复杂。因此，安装工程一切险及第三者责任保险专门设定了针对成对或成套机械设备的损失金额确定方式，即任何属于成对或成套的设备项目，若发生损失，保险人的赔偿责任不超过该受损项目在所属整对或整套设备项目的保险金额中所占的比例。

（二）第三者责任部分

安装工程一切险及第三者责任保险的第三者责任险主要承保在安装工程期间，因与所承保工程直接相关的意外事故引起工地内及邻近区域的第三者人身伤亡、疾病或财产损失，依法应由被保险人承担的经济赔偿责任。

安装工程一切险及第三者责任保险第三者责任部分的除外责任与建筑工程一切险及第三者责任保险绝大部分相同，但是建筑工程一切险及第三者责任保险的第三者责任部分对"由震动、移动或减弱支撑而造成的任何财产、土地、建筑物的损失及由此造成的任何人身伤害和物质损失"是不予赔偿的，而安装工程一切险及第三者责任保险的第三者责任部分就没有此项规定。

三　建筑安装工程保险

建筑安装工程保险类似于企财险中的财产综合险，相较于建筑工程和安装工程一切险，它在保险项目、保险责任和保险期限等方面都有所不同，它最大的两个特点为：一是建筑安装工程保险为列明责任保险，二是建筑安装工程保险的主险条款中不包括第三者责任保险部分。

（一）保险责任

保险期间，保险人负责赔偿在列明的建筑期或安装期间和施工场地内，下列自然灾害或意外事故造成的保险标的损失：火灾、爆炸；雷击、暴雨、洪水、暴风、龙卷风、冰雹、台风、飓风、暴雪、冰凌、突发性滑坡、崩塌、泥石流、地面突然下陷下沉、地震、海啸；空中运行物体的坠落；升降机、行车、吊车、脚手架的倒塌造成其他保险财产的损失；安装技术不善所引起的事故，并造成其他保险财产的损失；超负荷、超电压、电弧、短路和其他电气原因引起的事故，并造成其他保险财产的损失。

另外，经保险人与被保险人特别约定，并在保险合同中注明，保险人也负责赔偿在保险合同中列明的试车期和施工场地内由于试车所造成的安装设备本身的损失以及保险事故发生后，被保险人为防止或减少保险标的的损失所支付的必要的、合理的费用。

（二）除外责任

由下列原因造成的保险标的的损失、费用和责任，保险人不负责赔偿：

①战争、军事行动、敌对行为、武装冲突、暴乱、罢工、没收征用及政府命令或有关政当局命令；

②核裂变、核聚变、核辐射及放射性污染；

③被保险人及其代表的故意或重大过失行为；

④盗窃、抢劫及恶意破坏。

下列各项损失、费用和责任，保险人不负责赔偿：

①全部停工或部分停工期间所发生的一切损失、费用和责任。

②堆放在露天的保险财产，用芦席、布、草、纸板、塑料布做棚顶的工棚，以及堆放在工棚内的保险财产，由于暴风、龙卷风、暴雨、雪灾、冰雹而遭受的损失；

③自然磨损、内在或潜在缺陷、物质本身变化、自热、氧化、锈蚀、渗漏、鼠咬、虫蛀、大气（气候或气温）变化、正常水位变化或其他渐变造成保险财产的损失和费用。

下列各项损失和费用，保险人也不负责赔偿：

①建设单位已接管或已签发完工证书或已投入使用的财产的损失和费用；

②设计错误、缺陷或未按设计要求和技术规范施工所造成的损失和费用；

③原材料缺陷或工艺不善引起的保险财产的任何损失以及为换置、修理或矫正这些缺陷或工艺不善所支付的费用；

④盘点时发现的短缺；

⑤罚款、任何延误、合同被撤销或解除、合同无效、合同终止及其他任何后果引起的损失；

⑥超负荷、超电压、电弧、走电、短路、大气放电和其他电气原因造成保险财产本身的损失；

⑦保险合同中载明的免赔额或根据本保险合同载明的免赔率计算的免赔额；

⑧其他不属于保险责任范围内的损失和费用。

第二节　运营期间保险管理实务

一　财产一切险

财产一切险承保的是除保单"除外责任"列明的风险以外的一切（或任何）风险，与其对应的是"列明风险"式的保险单。财产一切险并不是所谓的全险，财产一切险也有不承保的风险。

（一）财产一切险的保险责任

财产一切险采取的是列明除外责任的方式。除了条款规定的责任免除外，其他灾害和意外事故均为保险责任，并在条款中对承保的自然灾害和意外事故做出释义。其中，自然灾害是指雷电、飓风、台风、龙卷风、风暴、暴雨、洪水、水灾、冻灾、冰雹、地崩、山崩、雪崩、火山爆发、地面下陷下沉及其他人力不可抗拒的破坏力强大的自然现象；意外事故是指不可预料的以及被保险人无法控制并造成物质损失的突发性事件，包括火灾和爆炸。

（二）财产一切险的除外责任

（1）设计错误、原材料缺陷或工艺不善引起的损失和费用。

（2）自然磨损、内在或潜在缺陷、物质本身变化、自燃、自热、氧化、锈蚀、渗漏、鼠咬、虫蛀、大气（气候或气温）变化、正常水位变化或其他渐变原因造成的损失和费用。

（3）非外力引起机械或电气装置本身的损坏。

（4）锅炉及压力容器爆炸引起其本身的损失。

（5）被保险人及其雇员的操作过失造成的机械或电气设备损失。

（6）盘点时发现的短缺。

（7）贬值、丧失市场或使用价值等其他后果引起的损失。

（8）存放在露天或使用芦席、蓬布、茅草、油毛毡、塑料膜或尼龙布等作罩棚或覆盖的保险财产因遭受风、霜、严寒、雨、雪、洪水、冰雹、尘土引起的损失。

（9）地震、海啸引起的损失和费用。

（10）被保险人及其代表的故意行为或重大过失引起的任何损失、费用和责任，以及被保险人的亲友或雇员的偷窃造成的损失。

（11）公共供电、供水、供气及其他公共能源的中断引起的损失，但自然灾害或意外事故引起的中断不在此限。

（12）战争、类似战争行为、敌对行为、武装冲突、恐怖活动、谋反、政变、罢工、暴动、民众骚乱引起的损失、费用和责任。

（13）政府命令或任何公共当局的没收、征用、销毁或毁坏。

（14）核裂变、核聚变、核辐射以及放射性污染引起的任何损失和费用。

（15）大气、土地、水污染及其他各种污染引起的任何损失、费用和责任，但不包括由自然灾害或意外事故造成污染引起的损失。

（16）保险单明细表或有关条款中规定的应由被保险人自行负担的免

赔额。

（三）财产一切险的附加责任

财产一切险的附加责任可包括 43 条扩展类附加条款、20 条规范类附加条款、7 条限制类附加条款和 2 条限制类规范条款。

扩展类附加条款是在主险基础上，针对特定风险、特定标的、特定费用和特定地点等所进行的扩展，是对保障范围的扩大。投保人、被保险人在投保此类条款时，需要另行支付一定的附加保险费。扩展类附加条款分为六小类，即一般扩展责任类、特定标的扩展责任类、扩展费用类、扩展标的地点类、扩展标的类和扩展赔偿基础类。

（1）一般扩展责任类条款。是指除另有约定外，对整个保险合同的保险标的扩展某些特定保险责任的附加条款。一般扩展责任类条款是一类单纯的扩展保险责任范围的附加条款。

（2）特定标的扩展责任类条款。是指针对保险合同中的某些特定标的扩展某项或某几项特定责任的附加条款。与一般扩展责任类不同的是，此类条款所扩展的责任仅对保险合同中的一部分特定保险标的有效，对其他保险标的无效。

（3）扩展费用类条款。是指对与保险合同相关的一些合理的、必要的费用的扩展。这些费用包括与施救相关的费用、与赔偿处理相关的费用及其他费用。

（4）扩展标的地点类条款。是对处于保险合同载明的保险标的的地址外的保险标的的保障。在不做此类扩展的情况下，保险标的只有在保险标的地址内发生保险事故，才属于保险责任的对象。扩展此类条款后，保险人对处于地址外的保险标的仍承担保险责任。

（5）扩展标的类条款。是对保险标的的原始范围的扩展，即订立保险合同时未列入保障范围的某些标的，在扩展此类附加条款后，被纳入保险合同的保障范围。包括对主险未承保标的的扩展、对被保险人在保险期间内新增标的的扩展等。

（6）扩展赔偿基础类条款。一般而言，财产保险计算赔偿的基础包括保险金额、保险价值以及损失程度三个变量的确定，此类附加条款均可视为对上述三个变量确定方式的改变，做有利于被保险人的调整，这种改变实质上扩大了计算赔偿的基础。

规范类附加条款中，有些是对主险条款中某些约定的进一步明确，有些是对主险条款措辞所做的补充性约定，有些是约定被保险人的某些义务或保证，等等。

限制类附加条款是将一部分风险或责任从财产一切险中剥离出去。设计此类条款主要是为了便于保险人在承保时，可以根据风险评估的情况，进行适当的风险控制，提高经营的科学性和稳定性。也可满足投保人根据自身需要，摘除某类风险的需求。由于规范类和限制类条款数量相对较少，因此不需要做进一步细分。

二　利润损失保险

（一）利润损失保险的保险责任

利润损失保险承保的是投保企业的生产营业设备（如建筑物、机器等）由于遭受自然灾害或意外事故造成企业生产停顿或营业中断而引起的间接经济损失，即预期毛利润的损失和中断期间仍需支付的必要维持费用损失。

利润损失保险承保的自然灾害和意外事故主要有四类：一是火灾、雷电、爆炸及意外漏水，二是风暴、暴风雪、台风、洪水及地震，三是飞机坠毁及其部件坠落，四是暴动、骚乱及恶意毁坏。此外，在必要时利润损失保险还可增加因第三者受灾带来的营业中断损失，如供应商受灾导致的销售商的营业中断损失等。

1. 营业额减少所致的毛利润损失

在保险业务中，常用的毛利润损失的计算方法有以下两种。

（1）"加"法。是指企业净利润加上各种可保险的维持费用（也称固定费用）的数额。其中，维持费用包括高层管理人员工资、水电费、广告费、租金、利息、保险费等。这些费用在营业中断期间仍须支出，而不是随着营业额降低而同比降低，因而是具有保险利益的。因此，在计算毛利润时可以将其包括进来。

（2）"减"法。其计算公式为：

毛利润 = 营业额 + 年终库存 + 在制品（半成品）- 上年库存 - 在制品

（半成品）- 特定营业费用

上述公式中的"特定营业费用"（也称生产费用）包括原材料采购费、工资的全部数额、为维持业务正常经营而支付的出险后可能停付的一切专用及直接费用，如制造费、包装费、运输费、取暖费等，这类费用在营业中断后就无须支出。因此，该项费用在利润损失保险中无保险利益可言。

2. 营业费用增加所致的毛利润损失

是指企业在遭受保险事故所造成的财产损失后，为避免或减少营业中断的损失而支付的额外的、合理的、必要的费用。这类费用必须具备以下条件，保险人才予以承保。

（1）这些费用的支出在主观上是为了避免或减少营业损失，缩短营业中断时间。

（2）增加的费用不能超过一定的"经济限度"，即增加的费用小于赔偿期内挽回的营业额所形成的利润。经济限度的计算用公式可表示为：

$$经济限度 \leqslant 额外费用挽回的营业额 \times 毛利润率$$

3. 工资损失

工资通常是指付给雇员的报酬总额，包括奖金、加班费、生活补助、保险费、节假日工资以及其他与工资相关的款项。利润损失保险中的工资损失主要包括两个内容。

（1）营业额减少所致工资损失。保险人在赔付因营业额减少所导致的工资损失时，一般采用下列方法。

①从损失赔偿期限开始到不迟于第 13 周为止，扣除赔偿期限部分中由于出险减少工资数额而节省的任何金额。

②赔偿期限以外部分的赔偿金额为工资率乘以该期间的数额，扣除赔偿期内由于出险减少工资数额而节省的任何费用，但不得超过工资率的 50% 乘以该赔偿期的数额减少所得的数额，加上①项所扣除的节省金额。

（2）营业费用增加所致工资损失。营业费用增加所致工资损失的赔偿金额为超过营业费用增加所致毛利润损失所列明额外费用的那部分，但不得高于营业额减少所致工资损失中由于出险减少工资数额而节省的金额。

4. 审计师费用

利润损失保险事故发生后，保险人一般要求被保险人在索赔时提供经注册会计师审查后的财务报告、账册及其他证明文件。因此，支付给审计师的合理费用也可获得保险保障。

（二）利润损失险的除外责任

我国利润损失保险规定的除外责任主要有以下几个部分。

（1）绝对除外责任，如被保险人及其代表的故意行为、战争及核风险等。

（2）由被保险人计划不周、经营不善或违反政府法令造成的利润减少。

（3）由合同责任、市价下跌、产品质量低劣、产品积压等原因造成的损失。

（4）保险人签发的与利润损失保险相关联的财产保险单中的除外责任。

（三）利润损失保险的附加责任

1. 全部营业额条款

根据该条款，被保险人或其代表在营业处所意外销售商品或提供服务所得或应得的营业收入，在计算保险赔款时应包含在利润损失保险责任范围内。

2. 恢复保险金额条款

在保险期限内发生保险事故导致保险标的部分损失，被保险人因此获得赔偿后，保险金额将相应减少。该条款赋予被保险人支付适当的保险费以补足保险金额的权利。

3. 调整保险费条款

在保险合同有效期内，若投保企业的经营毛利润小于保险金额，被保险人可以根据审计师提供的证明，要求保险人按比例退还保费差额，但退还部分不得超过原保费的三分之一。

4. 未保险的维持费用条款

如果投保人并未投保维持费用，则在计算额外费用时，其赔偿金额应按照毛利润与毛利润加上未保险的维持费用的比例计算。

5. 通道堵塞条款

主要承保由于营业处所邻近区域受损而导致通道堵塞给被保险人带来的停产停业等造成的利润损失。

6. 谋杀条款

主要承保营业场所内谋杀、自杀、猝死或其他原因引起的疾病或死亡导致停业或营业额减少给被保险人造成的利润损失。

7. 遗失欠款账册条款

又称遗失债权证明文件条款，主要承保因保险责任导致被保险人的应收、未收记录账目遗失而造成的损失。

8. 公用事业扩展条款

主要承保由于电、水、气等部门不能供电、水、气而是被保险人停产停业造成的损失。

三　公众责任保险

（一）公众责任保险概述

公众责任保险，又称普通责任保险或综合责任保险，它是责任保险中独立的、适用范围极为广泛的保险类别，主要承保被保险人在保险约定的场所范围内，因生产、经营等活动发生意外事故，造成第三者的人身伤亡和财产损失，依法应由被保险人承担的经济赔偿责任。党政机关、各类企业、事业单位、社会团体、个体经济组织以及其他组织均可投保公众责任保险。

西方发达国家的经验显示，公众责任保险具有良好的社会公益性，参与社会管理、促进公共安全的作用日益突出。一方面化解矛盾，促进和谐。灾害损失发生后，公众责任保险在使受害人及时得到经济补偿的同时，可以帮助被保险人尽快恢复生产，减轻政府管理负担，有利于社会和谐与稳定。另一方面防范风险，预防为先。保险公司在承保与赔付过程中，把事故预防作为保险服务的立足点与根本点，遵循市场运作、区别对待、奖优罚劣，运用防灾防损、宣传培训、费率浮动等服务手段，引导投保人和被保险人主动采取安全防范措施，有利于事故发生率的降低。

（二）公众责任保险的经营实务

1. 保险责任和除外责任

（1）保险责任。公众责任保险的保险责任，包括被保险人在保险期内、保险地点发生的依法应由保险人承担的经济赔偿责任和有关的法律诉讼费用等。

（2）除外责任。公众责任保险的除外责任，包括以下内容：

①被保险人及其代表的故意或重大过失行为；

②战争、内战、叛乱、罢工、骚乱、暴动、盗窃、抢劫引起的任何损害事故；

③人力不可抗拒的原因引起的损害事故；

④核事故引起的损害事故；

⑤罚款、罚金或惩罚性赔款；

⑥未经有关监督管理部门验收或经验收不合格的固定场所或设备发生火灾爆炸事故造成第三者人身伤亡或财产损失的赔偿责任；

⑦公众责任保险单上列明的其他除外责任。

有些除外责任经过保险双方约定，可以作为特约责任予以承保。

2. 费率厘定与保费计算

一般来说，保险人在厘定公众责任保险费率时考虑的因素主要有三个：赔偿限额和免赔额、投保企业所属行业以及承保区域大小和位置。按照国际保险界的习惯做法，保险人对公众责任保险一般按每次事故的基本赔偿限额和免赔额分别厘定人身伤害和财产损失两项保险费率，如果基本赔偿限额和免赔额需要增减，保险费率也应适当增减，但又非按比例增减。

公众责任保险费的计算包括如下两种情况。

（1）以赔偿限额（累计或每次事故赔偿限额）为计算依据，其计算公式为：

$$保险人的应收保险费 = 累计赔偿限额 \times 适用费率$$

（2）对某些业务按场所面积大小计算保险费，计算公式为：

$$保险人的应收保险费 = 保险场所占用面积（平方米）\times 每平方米保险费$$

3. 赔偿限额的确定

公众责任保险的赔偿限额的确定，通常采用规定每次事故赔偿限额的方式，既无分项限额，又无累计限额，仅规定每次公众责任事故的综合赔偿限额，它只能制约每次事故的赔偿责任，对整个保险期内的总的赔偿责任不起作用。

（三）公众责任保险的主要险种

公众责任保险因适用范围广泛，有多个险种。在我国最为常见的有综合公众责任保险、场所责任保险、承包人责任保险、承运人责任保险和环境责任保险等险种。

（1）综合公众责任保险。该保险是一种综合性的责任保险，从国外类似业务的经营实践来看，除一般公众责任外，综合公众责任保险还承担着包括合同责任、产品责任、业主及工程承包人的预防责任、完工责任及个人伤害责任等风险。因此，它是一种以公众责任为主要对象的综合性责任保险。

（2）场所责任保险。场所责任保险承保固定场所（包括房屋、建筑物及其设备、装置等）因存在结构上的缺陷或管理不善，或被保险人在被保险场所进行生产经营活动时因疏忽发生意外事故，造成他人人身伤害或财产损失且依法应由被保险人承担的经济赔偿责任。场所责任保险是公众责任保险中业务量占比较大的险种。场所责任保险的险种主要有火灾公众责任强制保险、电梯责任保险、展览会责任保险、停车场责任保险、餐饮场所责任保险、校方责任保险等。

（3）承包人责任保险。承包人责任保险承保承包人在进行承包（揽）合同项下的工程或其他作业时造成的损害赔偿责任，是公众责任保险中的专用险种。在保险人的实务经营中，被保险人（承包人）的分承包（包括分段承包）人也可作为共同被保险人而获得保障。

（4）承运人责任保险。承运人责任保险承保从事客、货运输业务的部门或个人在运输过程中可能发生的损害赔偿责任。承运人责任保险的主要险种有飞机旅客责任保险、道路旅客责任保险、水路运输旅客责任保险、航空货物责任保险、水陆货物责任保险以及物流货物责任保险等。

（5）环境责任保险。环境责任保险承保被保险人在生产经营活动中出于非故意的原因造成污染，导致第三人的人身伤害、财产损失或环境破坏的经济赔偿责任。环境责任保险的主要险种有油污责任保险和核责任保险。

（6）其他公众责任保险。除了上述几类责任保险外，还有一些公众责任保险险种，同样承保被保险人由于意外事故造成第三者的人身伤害和财产损失而应该承担的经济赔偿责任，如物业责任保险、旅行社责任保险、婚宴责任保险、个人责任保险等。

（四）公众责任保险与第三者责任保险的区别

尽管公众责任保险与第三者责任保险同属于责任保险范畴，在许多方面有着相同或相通的特征，但两者还是存在客观区别的。

（1）承保方式不同。公众责任保险是一种完全独立承保的业务，即每一笔业务都有独立的保险合同作为法律依据。第三者责任保险却通常与一般财产保险具有不可分割的关系（如作为附加险种或列为一般财产保险的基本责任范围等）或某种内在的联系（如机动车辆损失保险就通常与其第三者责任保险一起由一个基本条款同一规范等）。

（2）保险区域范围不同。公众责任保险一般只限于被保险人的固定场所。第三者责任保险则要视具体情况来确定保险区域范围，如运输工具第三者责任保险的保险区域范围包括运输工具的全部活动场所（境内）。

（3）地位不同。公众责任保险按习惯被列入责任保险理论体系，且占有重要的地位。第三者责任保险虽然本质上属于责任保险业务，但传统上作为财产保险中特定财产保险理论的组成部分，更强调与特定财产保险的相通性。

四 雇主责任保险

（一）雇主责任保险概述

雇主责任保险就是以被保险人（雇主）的雇员在受雇期间从事业务时因遭受意外导致伤、残、亡或患有与职业相关的职业性疾病而依法或根据雇佣合同应由被保险人承担的经济赔偿责任为承保对象的一种责任保险。雇主责任保险在责任保险中最先产生，起源于 19 世纪的英国，随后在西方国家得到了较快发展。在许多国家，雇主责任保险是一种普遍性的保险，也是一种强制实施的保险业务。

一般而言，雇主对雇员所承担的人身伤害赔偿责任，包括雇主自身的故意行为、过失行为以及无过失行为三种情形。保险人所承担的责任风险将被保险人（雇主）的故意行为列为除外责任，主要承保被保险人（雇主）的过失行为所致的损害赔偿，或者将无过失风险一起纳入保险责任范围。构成雇主责任的前提条件是雇主与雇员之间存在直接的雇佣合同关系。如果雇主提供危险的工作地点、机器工具或工作程序，提供不称职的管理人员，未对有害工种提供相应的合格的劳动保护用品等，通常均被视为雇主的过失或疏忽责任。若这些情形不存在故意意图，并造成雇员人身伤害，雇主应负经济赔偿责任。

（二）雇主责任保险的经营实务

1. 保险责任和除外责任

（1）保险责任。雇主责任保险的保险责任，主要是针对被保险人所聘用员工在工作时间内（包括上下班途中）遭受意外的工伤事故和患有与工作有关、国家规定的职业性疾病，依据法律法规应由被保险人承担的医疗费及经济赔偿责任，由保险人在约定的赔偿限度内应予赔付。

（2）除外责任。雇主责任保险的除外责任包括以下几个方面：

①战争、暴动、罢工、核风险等引起雇员的人身伤害；

②被保险人的故意行为或重大过失；

③被保险人对其承包人的雇员所负的经济赔偿责任；

④被保险人合同项下的责任；

⑤被保险人的雇员因自己的故意行为导致的伤害；

⑥被保险人的雇员由疾病、传染病、分娩、流产以及由此而施行的内、外科手术所致的伤害等。

2. 保费计算

雇主责任保险采用预收保费制，主条款的保费可按赔偿限额与基本费率来确定，也可按雇员不同的工种适用费率乘以该类雇员年度工资总额计算。如果承保扩展责任，附加条款的保费还应另行计算。主条款与附加条款的保费相加，即为该笔保险业务的全额保费收入。

按赔偿限额的等级确定保费的计算公式：

$$每人保险费 = 每人死亡赔偿限额 × 基本费率 × 行业类型系数$$
$$+ 每人医疗费用赔偿限额 × 基本费率 × 行业类型系数$$

按工资总额来确定保费的计算公式：

$$应收保费 = A 工种（年工资总额 × 费率）+$$
$$B 工种（年工资总额 × 费率）+ \cdots$$

3. 赔偿限额

赔偿限额是雇主责任保险保险人承担赔偿责任的最高限额，它以雇员的工资收入为依据，由保险双方当事人在签订保险合同时确定并写入保险合同。雇主责任保险的赔偿限额既可以指定一个固定数值，也可以约定为若干个月的工资收入（以事故发生前 12 个月平均工资为基准）。投保时，由被保险人在保险人规定的若干档次中选定（如 72 个月、60 个月、48 个月等），或依据有关法律、法规及雇佣合同规定由保险双方协商确定。

4. 雇主责任保险的附加险种

（1）附加第三者责任保险。当被保险人雇用的人员从事保险合同所载明的与被保险人业务有关的工作时，由于意外或疏忽，造成第三者人身伤亡或财产损失，以及由此引起的对第三者的抚恤、医疗费和赔偿费用，依法应由被保险人赔付的金额，保险人负责赔偿。

（2）附加医疗费用调整条款。经保险合同双方同意，对被保险人投保雇员医疗费用责任限额进行调整。

（3）附加公务旅行扩展条款。扩展承保被保险人对其雇员在公务旅行中因意外事故伤残或死亡依法应负的赔偿责任。

（4）附加新雇员自动承保扩展条款。投保人在投保时只提供雇员总人数和对应的各工种人数，被保险人的雇员如有增减，被保险人应当于每季度第一个月 10 日前，向保险人提供上一季度新增雇员的名单（内容包括姓名、工种及年工资总额），并于保险合同期满后统一结算投保人实际应支付的保险费，多退少补。

除了上述列举的部分常用附加条款外，还有许多其他的附加条款。同时，保险人还可以根据雇主责任保险的特点，针对被保险人的不同要求开发出相应的扩展责任条款。

（三）雇主责任保险和人身意外伤害保险的区别

尽管雇主责任保险与人身意外伤害保险均是对人的身体与生命的保险，但两者之间亦存在根本的区别。

（1）保障效果不同。雇主责任保险的保障对象是雇主，但客观上又直接保障雇员的权益，被公认为具有社会保障性质；而人身意外伤害则只是保障被保险人自己的利益，完全采取自愿投保的方式，是投保人与被保险人之间的等价交换行为，从而只能成为社会保障的补充。

（2）保险性质不同。雇主责任保险承担是的雇主的民事损害赔偿责任或法律赔偿责任，是一种无形的利益标的，它属于责任保险范畴；而人身意外伤害保险承保的却是自然人的身体与生命，是一种有形的实体标的，它一般属于普通人身保险的范畴。

（3）计算保费与赔偿的依据不同。雇主责任险保险计算保险费与赔款的依据，是雇员的行业类别和工资额；而人身意外伤害保险却以保险双方事先商定的保险金额作为计算保险费和给付保险金的依据。

（4）承保条件不同。雇主责任保险需要以《中华人民共和国民法》或雇佣（劳动）合同为承保的客观依据；而人身意外伤害保险只要是自然人均可自由投保。

（5）保险责任不同。雇主责任保险仅仅负责赔偿雇员在执行任务时或在工作场所内遭受到的意外伤害；而人身意外伤害保险则对被保险人不论其是否在工作时间内或工作场所所受到的伤害均予负责。雇主责任保险还负责雇员的职业病，而人身意外伤害保险却不承担此项责任。

（6）二者的作用各异。雇主责任险是为缓和劳资纠纷、保障雇员的利益而产生并发展起来的，其客观上还起到保障雇主权益的作用；人身意外伤害保险是为应对被保险人不幸因意外事故引致身故或残疾的风险而产生和发展起来，其为被保险人及其家庭提供切实的保障。在意外伤害保险金之外，被保险人或其家属还可以向雇主要求其他的赔偿金、抚恤金或救济金。

综上所述，人身意外伤害保险与雇主责任保险是两类性质截然不同的险种。虽然二者在投保人、投保手续等方面相类似，但在保险标的、被保险人、保险金额、费率确定、功能作用等方面均存在较大差异。从企业稳健经营和持续发展的角度看，既需要投保雇主责任保险以转嫁经营中可能出现的侵权责任风险，也需要建立以团体人身意外伤害保险、团体医疗保险和养老保险为内容的企业福利保障制度。

第三节　工程保险的承保流程

由于工程保险具有被保险人的广泛性、保险期限的不确定性、保险金额的渐增性和承保风险的综合性等特点，它与其他财产保险的投保流程具有一定的区别。一般而言，工程险投保需要经历投保人填写投保单并提供工程相关资料，保险人收集资料并进行风险识别和风险评估，保险人设计保险方案和报价，投保人交费和保险人出具保险合同等环节，工程保险的整个投保流程如图 9－1 所示。

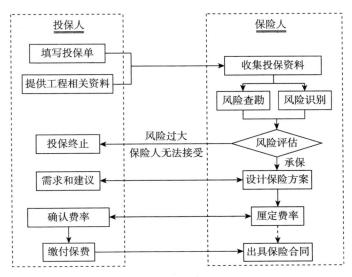

图 9 - 1 工程险投保流程

一 投保

(一) 填写投保单

投保人有意向投保时,应以口头或书面的形式向保险人发出投保申请,并填具投保单。一般而言,工程保险的投保单主要包括以下内容:投保须知、工程关系方名称和地址、工程名称和地点、工程期限、工地及附近自然条件情况、物质损失投保项目和投保金额、物质损失免赔说明、第三者责任和投保金额、附加条款/特别约定、付费日期及方式以及投保人声明(见表 9 - 1)。工程保险投保单填写要求与其他财产保险相同,在此不再赘述。

表 9 - 1 建筑工程一切险及第三者责任险投保单

投保单号码:

所有人		
承包人		
分包商		
其他关系方		

续表

受益人		

工程名称和地点：　　　　　　　　　　　　　　　　　　邮编：

工程期限					
建筑期限	自：	年	月	日	时
	至：	年	月	日	时
试车期、考核期限	自：	年	月	日	时
	至：	年	月	日	时

是否投保保证期保险？　　　　　　□是　　　□否

保证期条款名称：　　　　　　　　　　　　　　自：　年　月　日　时

　　　　　　　　　　　　　　　　　　　　　　至：　年　月　日　时

工地及附近自然条件情况	
地形特点	平原/丘陵/山区/高原
工地是否临河、湖、海？如果是，最近的河、湖、海的名称、距离	□是　　　　□否 名称　　距离　　涉水工程占比　　%
是否有基坑？	□是　　□否　　基坑深度
是否有隧道？	□是　　□否　　隧道占比　　%
以往遭受自然灾害（如地震、洪水）记录	

物质损失投保项目和投保金额		
投保项目	投保金额	费率
（1）建筑工程（包括永久和临时工程及材料）		
（2）安装工程项目		
（3）建筑用机器、装置及设备（需附清单）		
（4）清除残骸费用		
（5）专业费用		

物质损失总投保金额（大写）：　　　　　　　　　　小写：

物质损失总保费（大写）：　　　　　　　　　　　　小写：

物质损失免赔说明	
特种危险（如地震、海啸、洪水、暴雨、风暴）	免赔：
其他危险	免赔：

第三者责任和投保金额			
投保项目	赔偿限额	费率	免赔
每次人身伤害		%	
每次每人伤亡		%	

续表

每次财产损失		%		
累计赔偿限额		%		

第三者责任保险费（大写）：　　　　　　　　　　　　　　小写：

保险费合计（大写）：　　　　　　　　　　　　　　　　　小写：

附加条款及/特别约定：

付费日期及方式：

付费约定：

1. 投保人应按约定交付保险费；

2. 约定一次性交付保险费的，投保人在约定交费日后交付保险费的，保险人对交费之前发生的保险事故不承担保险责任；

3. 约定分期交付保险费的，保险人按照保险事故发生前保险人实际收取保险费总额与投保人应当交付的保险费的比例承担保险责任，投保人应当交付的保险费是指截至保险事故发生时投保人按约定分期应该缴纳的保费总额。

投保人声明：

1. 本人兹申明上述各项内容填写属实；

2. 本人确认已收到了《建筑工程一切险及第三者责任险条款》及附加条款，且贵公司已向本人详细介绍了条款的具体内容，特别就该条款中有关保险人责任的条款（包括但不限于责任免除、投保人及被保险人义务），以及付费约定的内容做了明确说明，本人已完全理解，并同意投保。

投保人签章：

联系电话：　　　　　　　　　　　　　　　　　　日期：

（二）投保所需资料

投保人在投保工程险时还需要提供相应的工程资料，这些资料包括：工程合同、工程金额明细表、工程设计书、工程进度表、工程量清单、工地地质报告和工地略图等。通过这些资料，可以了解工程关系方、所在地、建设期间、造价、性质、结构，工程所在地的地址和气象资料，物料和机器价值等基本信息，从而为分析工程风险、做出承保决策和确定承保条件提供依据。

（三）风险评估

1. 风险评估方法

（1）收集工程项目相关资料。工程保险中与项目风险相关的资料除上述投保时需提供的资料外，还包括设备采购及安装合同、施工单位和承包人资质以及施工安全记录等信息。

（2）现场查勘。在现场查看之前，风险评估人员需要提前拟定详细的现场勘查计划，根据工程保险方案的具体需要，进行有计划、有针对性的勘查。在勘查过程中应当做好摄像、拍照、绘图、记录等工作。

（3）与工程有关人员进行会谈。如有可能，评估人员应当与工程相关人员进行会谈。工程相关人员主要包括：业主、设计方、承包人、监理人、贷款银行等。通过交谈，评估人员能够进一步掌握标的的有关信息和风险状况。

2. 风险评估的主要内容

（1）工程项目本身。主要是指在建工程、机器设备、建筑材料等。其中，在建工程主要从工程施工过程评估，重点注意在建工程类型、采用的施工工艺及其成熟程度等方面。而对于施工机具和设备，风险评估的关键是评估其作业环境和条件，以及施工操作人员的技术和经验。

（2）与工程项目相关的组织和个人。风险评估中应重点关注的与工程项目相关的组织和个人主要有业主、承包商和监理单位。应考虑业主对工程风险及风险管理的认识和态度，以及承包商和监理单位的管理能力和经验、对施工现场的监督能力、对建设资金的筹备能力等方面。

（3）工程项目所处的环境。在风险评估中应当注意的环境因素主要有：工程所处地的气候、地质、社会和法律环境。其中，在对气候环境的评估中，应根据不同的项目、不同的地理位置特点进行不同的分析。在地质环境因素中应特别注意地下水位情况、地下土层土质情况、持力层深度、溶岩地质情况、地基冻融条件等。对于社会环境因素，考察主要从人文因素、治安因素等方面着手。

二　核保

（一）审核投保单

审核投保单主要是审核投保单各项内容填写是否正确，主要应审核以下几点：

①保险标的的名称，包含项目是否完整、明确；

②保险标的的地址填写是否正确；

③是否按要求附加投保明细表，投保明细表的内容是否齐全；

④投保单和明细表中的数字是否相符；

⑤保险金额总额与各项保险金额之和是否一致。

（二）审核投保人和被保险人

①审核投保人是否对保险标的具有保险利益（主要是相关经济利益）；

②审核投保人或被保险人是否具有建筑或安装资质、是否具有法人地位；

③依据投保人财务状况、历史记录等审核投保人的资信状况；

④审核被保险人的名称和地址是否真实存在、是否与真实情况相一致；

⑤审核投保人和被保险人的信誉状况，分析其是否存在道德风险。

（三）审核保险条款

①审核投保工程项目与所选条款是否适合；

②审核主险和附加险的区分是否明确、搭配是否合理；

③审核所选条款是否符合公司规定的可投保条款；

④审核条款承保的责任是否全部属于保险责任；

⑤审核特别约定的内容是否属于保险责任，是否扩大了相关规定；

⑥审核是否依据建筑或安装期限、试车期限、保证期限、施工机械设备和第三者责任等因素的特点确定不同的保险期限。

（四）审核保险费

①审核保险费率的使用是否符合公司规定、是否结合标的风险合理浮动；

②审核是否依据标的项目的不同选取相应的保费计算方式；

③审核保险费的计算是否无误。

（五）审核保险金额和免赔额

①审核保险金额的确定方式是否合理、是否依据保险标的而有所区别；

②审核约定的保险金额是否合理、是否超过标的价值；

③审核免赔的约定是否符合工程实际情况和风险大小。

三　承保

（一）缮制保险单

保险公司的内勤人员在接到投保单、核保意见等资料后，应按照投保单和承保方案中的有关内容缮制保险单，并将保险单编号填写在投保单的相应位置。投保单中的内容应如实反映在保险单中，内容完整、数字准确，不得涂改。保险单缮制完成后，应由制单人和经办人签章。此外，内勤人员还应开具保险费收据一式三联，并将其与投保单、核保意见和保险单一起送交复核人员复核。

工程保险的保险单反映了所保工程项目的详细投保信息，其主要内容包括：被保险人及工程名称和地址、受益人、保险项目及其金额、赔偿限额、免赔说明、保险期间、附加险、保费、付费日期及方式以及特别约定。表 9 - 2 是国内某保险公司的工程险保险单明细表。

表 9 - 2　工程险保险单

保险单号码：

被保险人名称	
被保险人地址	
工程名称	
工程地址	
受益人名称	

保险项目及其保险金额

保险项目	投保金额
建筑工程（包括永久和临时工程及材料）	
安装工程及项目	
建筑用机器、装置及设备	
清除残骸费用	
专业费用	

物质损失部分总保险金额：

特种危险赔偿限额

危险种类	赔偿限额
地震、海啸	
洪水、暴雨、风暴	

第三者责任的赔偿限额

保险项目	赔偿限额
每次事故赔偿限额	
每次事故人身伤亡赔偿限额	

续表

每次事故每人赔偿限额	
每次事故财产损失赔偿限额	
第三者责任累计赔偿限额	

免赔说明

物质损失部分	
第三者责任部分	

保险期间

保险期间： 自： 年 月 日 时起，至： 年 月 日 时止

其中建筑、安装期限： 自： 年 月 日 时起，至： 年 月 日 时止

试车期、考核期限： 自： 年 月 日 时起，至： 年 月 日 时止

附加险：

保险费

物质损失部分费率：

物质损失部分保费（大写）： （小写）：

第三者责任险费率：

第三者责任险保费（大写）： （小写）：

总保费：

付费日期及方式：

付费约定：

1. 投保人应按约定交付保险费；

2. 约定一次性交付保险费的，投保人在约定交费日后交付保险费的，保险人对交费之前发生的保险事故不承担保险责任；

3. 约定分期交付保险费的，保险人按照保险事故发生前保险人实际收取保险费总额与投保人应当交付的保险费的比例承担保险责任，投保人应当交付的保险费是指截至保险事故发生时投保人按约定分期应该缴纳的保费总额。

特别约定：

保险人（盖章）
年 月 日

全国统一服务电话：

保险人联系地址： 邮政编码： 传真：

核保： 制单： 经办：

（二）复核保险单

复核人员在接到流转来的投保单、核保意见、保险单以及保费收据以后，应对照核保意见逐一审核。复核的主要内容有：

①保险单与投保单、承保方案中的各项内容是否一致；

②保险单所选费率是否适宜，保险费的计算结果是否无误；

③保险单所确定的保险金额是否准确，与投保单中的数字是否一致；

④保险单是否按照规定附加所需清单和协议；

⑤是否选择并注明争议处理方式。

保险单复核无误后，复核人员应在保险单上签名盖章，并将有关资料全部转交财务部门。

（三）签发保险单

财务部门收到保险费，并在保费收据上加盖收讫和财务专用章后，应将保费收据转业务部门加盖业务用章，业务人员应将保险单底部相应内容补充完整，然后发出保险单。保单副本由业务部门留底，保险单正本、保险费收据交投保人收执。

第四节　工程保险理赔与索赔

工程保险的理赔过程往往极其复杂，这主要是由于工程项目建设的专业性、复杂性和工程项目自身的特点，使得工程保险相比于其他财产保险更加个性化、专业化和复杂化。同时，工程保险的保险项目众多，除了标准化条款外，往往还会附加许多扩展条款和特别约定。工程保险理赔过程中当事各方要严格遵循合同原则、诚实守信原则、实事求是原则、合理和及时补偿原则，进行充分的沟通和协商，最终达成一致。

一　理赔流程

（一）案件受理

1. 报案登记

保险公司接线人员接到出险报案后，首先应详细询问案情，并做好报案记录。主要记录以下内容：报案人姓名、联系电话、被保险人名称、投保险种、保单号码、保险标的识别信息、出险原因、出险时间、出险地点、受损情况等。

2. 查抄单底

接线人员在接到报案后，应立即查询相关保单和被保险人的缴费记录，了解客户的承保信息和以往理赔情况，并将询问结果和查询的承保要素记录在报案详细内容中。

3. 立案及调度

抄录保险单底后，内勤人员应认真将其与报案记录内容详细核对。在审核各项内容无误后，对在保险有效期内且属于保险责任的案件，应及时编号立案。接线人员依据出险报案信息及本公司查勘定损覆盖范围，迅速通知理赔中心相关人员安排查勘定损。

（二）现场查勘

1. 查勘准备

查勘准备是理赔人员在接到报案后，在查勘前进行的准备工作。包括抄单、查勘工具准备和预约客户。抄单是指出具保险单的抄件，包括保单副本复印件、投保清单、相关批单或保险协议以及投保单。查勘工具包括记录工具、测量工具和交通工具等。

2. 现场查勘的主要内容

（1）查明出险时间、地点。核实出险日期是否在保险期限内，受损标的所在地点是否与保险单中载明的地址相一致。

（2）收集相关资料。收集的现场资料主要包括：

①责任证明类资料，如施工单位、分包单位和监理单位资质证明，现场工程师、施工员和工人资格证明等；

②标书、合同类资料，如投标书、施工合同、施工组织设计资料等；

③工程计量类资料，如设计图纸、变更设计单等；

④工程记录类资料，如施工记录、施工交底、材料台账等；

⑤造价证明资料，如工程量清单、预算表、工料机单价汇总表等；

⑥安全规范方面资料，如工地安全管理制度文件、安全操作使用管理制度文件、维护保养制度文件等。

（3）查明出险原因。查勘人员应通过查验保险标的情况、审阅有关资料、了解被保险人和目击证人叙述的事故发生经过等方式，初步判断出险原因。对于原因较为复杂的案件，应会同被保险人及相关职能部门共同保护现场，根据需要邀请有关部门或聘请专家查明原因，做出鉴定。

（4）现场拍照、绘制草图。现场照片要清晰、准确、完整，能够明确反映出险地点、现场概貌及保险财产的受损数量、受损程度等。同时要绘制现场草图，标明受损财产的存放地点、分布情况等，并做简要的文字说明。

3. 确定立案

现场查勘后，查勘人员应及时将有关资料转交相关人员，对立案要素进行审核，并及时做出是否立案的决定。对在保险有效期内，并初步判定属于保险责任的赔案，相关人员应及时进行立案登记并转入理赔案件流程。对不在保险有效期、明显不属于保险责任、超过法定索赔时效或非本公司承保的赔案，则转入拒赔案件流程。

（三）确定保险责任

按照保险合同约定的保险责任和责任免除的规定，对事故原因进行分析，认定其是否属于保险责任事故。对于出险原因为自然灾害的，应以相关部门提供的天气资料作为证明资料。对于出险原因为意外事故的，被保险人应提供相应的事故证明材料。

（四）确定标的损失

工程险理赔案的损失理算与其他财产保险类似，也是在确认保险责任后，根据现场查勘收集的资料、公估或第三方报告等审核被保险人提供的损失清单和费用清单，对这些费用的合理性和赔偿范围做出判定，并编制损失清单。损失清单应包括受损工程项目名称、类型、数量、损失程度、损失金额、残值和保险公司核定金额等内容。

二　赔款理算

（一）物质损失部分的赔偿

对保险标的遭受的损失，保险人可选择以支付赔款或以修复、重置受损项目的方式予以赔偿，对保险标的在修复或替换过程中，被保险人进行的任何变更、性能增加或改进所产生的额外费用，保险人不负责赔偿。

1. 损失金额的确定

可以修复部分的损失：以将保险财产修复至其基本恢复受损前状态的费用，并按约定的残值处理方式确定的赔偿金额为准。但若修复费用等于或超过保险财产损失前的价值时，则按推定全损的规定处理。

全部损失或推定全损：以保险财产损失前的实际价值，并按约定的残值处理方式确定的赔偿金额为准。

2. 赔偿的计算

当保险金额等于或高于应保险金额时，按实际损失计算赔偿，最高不超过应保险金额；当保险金额低于应保险金额时，按保险金额与应保险金额的比例乘以实际损失计算赔偿，最高不超过保险金额。

赔偿金额为根据上面的方式计算出的金额再扣除每次事故的免赔额或者扣除该金额与免赔率相乘计算出的免赔额后的金额。

若保险合同所列标的不止一项，应分项计算赔偿，保险人对每一保险项目的赔偿责任均不得超过保险合同明细表对应列明的分项保险金额，以及保险合同特别条款或批单中规定的其他适用的赔偿限额。在任何情况下，保险人承担的对物质损失的最高赔偿金额不得超过保险合同明细表中列明的总保险金额。

（二）第三者责任部分的赔偿

第三者责任部分保险人的赔偿以被保险人和向其提出损害赔偿请求的索赔方协商并经保险人确认或仲裁机构裁决或人民法院判决或保险人认可的其他方式确定的被保险人的赔偿责任为基础。

在保险期间发生保险责任范围内的损失，保险人按以下方式计算赔偿：

①对于每次事故造成的损失，保险人在每次事故责任限额内计算赔偿，其中对每人人身伤亡的赔偿金额不得超过每人人身伤亡责任限额；

②在依据上条计算的基础上，保险人在扣除每次事故免赔额或者扣除按每次事故免赔率计算的每次事故免赔额后进行赔偿，但对于人身伤亡的赔偿不扣除每次事故免赔额；

③保险人对多次事故损失的累计赔偿金额不超过累计赔偿限额。

保险人对被保险人给第三者造成的损害，可以依照法律的规定或者保险合同的约定，直接向该第三者赔偿。被保险人给第三者造成损害，被保险人对第三者应负的赔偿责任确定的，根据被保险人的请求，保险人应当直接向该第三者赔偿。被保险人怠于请求的，第三者有权就其应获赔偿部分直接向保险人请求赔偿。被保险人给第三者造成损害，被保险人未向该第三者赔偿的，保险人不得向被保险人赔偿。

（三）残值的计算

（1）受损保险财产无论是全部损失还是部分损失，只要有残值，应协议作价折归被保险人，并在赔款中扣除，保险人有权不接受委付。对于确要回收的损余物资，应认真详细做好登记，交由有关单位定价、销售、拍卖，回收款项冲减赔款。

（2）受损保险财产赔款计算不进行比例分摊的，残值也不进行比例分摊；反之则要进行比例分摊，即：

$$应扣残值 = 残值 \times (保险金额/保险价值)$$

（四）施救费用的计算

（1）凡被施救的财产中包含未保险的财产，且保险财产与未保险财产所用施救费无法分清时，应按以下公式计算：

$$应赔偿施救费 = 施救费 \times (所施救的保险标的的价值/所施救的全部财产价值)$$

（2）施救费应与保险财产损失赔款分别计算，均以不超过保险金额为限。但要注意，如果是施救被保险的工程，施救费最高不能超过当时的工程实际投资；当保险标的的损失或施救费用超过保险金额时，可按推定全损处理。

（3）计算保险财产赔款不需要比例赔偿的，施救费也不需要比例赔偿；计算保险财产赔款需要比例分摊的，施救费用也应比例赔偿，即：

$$应赔施救费用 = 实际支付施救费用 \times (保险金额/保险价值)$$

三　核赔

（一）审核保险责任

（1）核赔人员应根据保险单列明的保险期限、工程进展情况、现场查勘报告以及被保险人提供的相关资料，审核出险时间是否在保险期限内。

（2）核赔人员应根据现有资料，分清是直接损失还是间接损失（工程保险不承保间接损失），核实出险事故是否属于保险责任，审核定损人员确定的损失金额中是否包含其他不属于保险责任的情况。

（3）对于被保险人管理过失导致的损失，应分析其责任大小并予以量化，在保险责任中剔除。核赔人员要注意审核这一部分损失的计算。

（二）审核保险单证

核赔人员应认真检查被保险人交来和内部流转来的各种单证，审核其是否齐全、真实、有效，审核单证填写是否规范、是否有签章，是否有涂改痕迹等。

（三）核定损失及费用

1. 核定保险标的损失

一是核实标的出险区域是否在保险合同约定的范围内；二是核实受损财产是不是保险财产；三是审核出险标的的数量和价格。采用固定单价方式的工程，应按施工合同工程量清单中的单价执行；采用其他计价方式的工程，其价格不得超过承包商中标时的单价或预算单价；原材料的损失按实际购买单价计算。

2. 核定各项费用

保险人对于保险标的的施救费用、追偿费用、清理费用、巩固费用以及败诉时的诉讼、仲裁费用承担赔偿责任。对于检验费用，一般按照"谁主张，谁负责"的原则进行支付。

（四）审核赔款计算

审核受损工程项目、施工机具项目和第三者责任的赔款认定是否正确，其计算方式、计算结果是否有误。其中施工机具项目承保时采用分项承保、分项理算的原则，在出险时应对其保险价值进行调查确认。

四　赔款支付

出险案件经审核批准后，应及时通知被保险人领取赔款，同时通知财务部门支付赔款。被保险人领取赔款后应在赔款收据上签字。支付赔款后，内勤人员应出具批单相应减少保险标的的保险金额，并将正本送被保险人留存。如果一次赔款等于保险金额，则应注销该保险单。

五　索赔单证

①出险通知书和被保险人索赔申请资料；

②投保单、保险单、批单或保险协议、缴费收据等承保资料；

③事故现场查勘报告；

④由灾害事故权威认定部门出具的出险证明材料；

⑤损失财产清单；

⑥与工程相关的各种技术资料；

⑦技术鉴定书和公估理算报告；

⑧涉及第三者人身伤亡的案件需提供医疗费用收据或发票、残疾证书、死亡证明、误工证明、护理费用证明等资料；

⑨赔款通知书；

⑩权益转让书。

第五节 郑州市轨道交通项目具体保险险种和内容

一 郑州市轨道交通工程投保项目

郑州市所有地下轨道交通建设项目均投保了工程保险，具体项目包括郑州市轨道交通 1 号线一期工程（保险金额约 90 亿元）、二期工程（保险金额约 58 亿元），郑州市轨道交通 2 号线一期工程（保险金额约 62 亿元）、二期工程（保险金额约 43 亿元），郑州市南四环至郑州南站城郊铁路工程（保险金额约 119 亿元），郑州市轨道交通 5 号线工程（保险金额约 174 亿元），郑州市轨道交通 3 号线一期土建工程（保险金额约 77 亿元），郑州市轨道交通 4 号线工程（保险金额约 144 亿元），郑州市市民文化中心项目（保险金额约 49 亿元）。

二 投保险种及模式

（1）投保险种。主要是在工程建设阶段，由业主作为投保人，为建设项目统一投保了建筑安装工程一切险及第三者责任险。各分包方分别投保了施工机具保险、工程设计责任保险、工程监理责任保险、货物运输保险、雇主责任保险、人员意外伤害保险、工程预期利润损失保险、工程质量责任保险、工程保证保险等。

（2）投保模式。由业主通过招标、比选或者委托的形式聘请专业的保险经纪人，由保险经纪人协助业主单位设计保险方案、协助保险采购以及提供其他的期内服务。

第六节　郑州市轨道交通项目风险事故赔付情况

截至 2017 年 6 月，郑州市轨道交通 1 号线一期工程、二期工程，郑州市轨道交通 2 号线一期工程，郑州市南四环至郑州南站城郊铁路工程一期工程已投入运营，工程保险期限已结束。相关理赔情况见表 9 - 3。

表 9 - 3　郑州轨道交通工程保险理赔情况

出险时间	赔款金额（元）	案情简介
2010 年 7 月 19 日	550000	暴雨导致桐柏路工地被淹
2010 年 10 月 9 日		建国饭店电缆受损
2010 年 11 月 15 日		地下轨道交通施工导致新华书店家属楼开裂
2010 年 12 月 14 日		河流放水，造成金水路工地水损
2011 年 1 月 4 日	835000	黄河东路站爆管
2011 年 7 月 21 日		暴雨导致大学路工地受损
2011 年 11 月 22 日	3089480	柿园村因地下轨道交通盾构施工导致房屋开裂
2011 年 12 月 15 日		人民路沿线因盾构施工导致房屋开裂
2011 年 12 月 26 日		地下轨道交通施工导致紫荆山路自来水管爆裂
2012 年 1 月 12 日		紫荆山立交污水管因地下轨道交通施工爆裂
2012 年 2 月 19 日		金水路工地隧道涌砂
2012 年 3 月 24 日		挖机被水淹没
2012 年 3 月 30 日		大学路站爆管工地受损
2012 年 10 月 1 日		1 号线西段安装配件被盗
2012 年 11 月 4 日		大风吹坏西三环围挡
2012 年 12 月 1 日		1 号线东段安装配件被盗
2013 年 2 月 21 日	580000	桐柏路站塌方
2013 年 4 月 12 日	695000	金水东路站挖断主电缆
2013 年 4 月 16 日		安装工程，配电柜倒塌损坏
2013 年 5 月 7 日		检疫局楼房因地下轨道交通施工开裂
2013 年 5 月 26 日	650000	西三环工地塌方导致第三者受损
2013 年 6 月 12 日		人民路站施工挖断新华书店电缆
2013 年 7 月 26 日	3892568.43	暴雨导致多处工地受损

出险时间	赔款金额（元）	案情简介
2013 年 9 月 20 日	720000	第三者沈颖在建设路工地旁死亡
2013 年 9 月 24 日	4300000	光大银行楼房因地下轨道交通施工而开裂
2013 年 11 月 17 日		地下轨道交通试运行时车辆受损
2014 年 3 月 21 日		组合式空调机组冷凝器铜管冻裂
2014 年 5 月 24 日		污水管爆裂
2014 年 9 月 25 日		轨道公司办公楼因装修搬运，电梯上百次碰撞后部分零件损坏

根据保险理赔的各项目来看，郑州市地下轨道交通工程保险赔付率良好，没有一个项目赔付率超过 50%，且没有出现实际赔款超过 500 万元以上的赔案。从出险事故类型来看，主要包括自然灾害事故（暴雨、暴雪）、雨污水管线断裂、意外挖断电缆、第三者房屋开裂、车站基坑塌方、机电设备盗窃等事故。

这说明，施工单位和保险公司安全风险管理意识强、措施有效，防止和避免了较大风险事故的发生。

第十章

总结及展望

第一节　对 PPP 模式的总结

PPP 模式是最近几年我国在基础设施建设，特别是城市轨道交通建设方面采取的新型融资模式。该模式有着自身的优点，比如能够减轻政府的财政负担、发挥政府部门和私营部门各自的优势、优化配置相关的资源、完善城市轨道交通体系等。

国内的 PPP 投融资模式目前处于起步阶段，从政府建设和运营转换到 PPP 模式下政府和社会投资人共同建设和运营需要一个长期的过程，虽然国内的城市轨道交通 PPP 投融资模式也采取了多种不同的形式，但和国外相比还存在以下不足之处。

（1）大部分城市轨道交通 PPP 融资还是通过票价和商业收入抵充社会投资人的建设、运营投资，虽然社会投资人的介入从一定程度上缓解了政府的财政压力，但是政府需要支付过半的建设费及 30 年左右的运营权，所以 PPP 模式并没从根本上解决轨道交通建设的投融资问题。

（2）与发达国家城市轨道交通投融资模式相比，国内目前缺少明确的对 PPP 融资模式中社会投资人的补助政策，对于不同的轨道交通项目，在投资回购机制明确的情况下，只是简单说没有回收的投资由政府资金补充，这样的说辞会造成社会投资人的怀疑，在未来的收益分配中也容易产生纠纷。

（3）发达国家结合各地情况制定了多种受益者负担制度，将城市轨道交通投资尽可能地转化到因此而受益的开发商身上，目前国内也有部分城市将物业开发的收益抵充社会投资人对轨道交通的建设费用，但是各个地方没有明确制度规定究竟开发商需要负担多少的投资，从中获取的开发利益又是多少，缺少对开发商的投资、收益监管机制。

（4）城市轨道交通沿线的居民和商户，由于城市轨道交通的修建可以获得高额的房屋和商业升值价值，如果不采取一定的措施，不但不能合理回收城市轨道交通的外部收益，而且容易造成社会分配的不公，滋生部分人不劳而获的心理。

（5）城市轨道交通项目限定了社会投资人的投资收益，从市场化的角度来说不利于调动社会投资人的积极性，有些项目的 PPP 投融资模式明显对社会投资人不利，这样的融资模式虽然保障了政府的利益，但很难吸引到社会投资，不利于长远发展。

（6）发达国家为了提高城市轨道交通的服务效益，增加其客流，一直开通着处于亏损状态的接驳公交，且保持一定的发车频率，而我国对于地铁与私家车、公交、自行车等交通工具的无缝接驳并没有完全实现。

（7）港铁模式虽然成功，但是内地的土地招拍挂政策以及各种法规制度的不完善使其在内地难以实施。

第二节　对国内 PPP 投融资模式的展望

总结发达国家城市轨道交通投融资的发展历程可以发现，城市轨道交通是公益性的产业，政府必须掌握一定的控制权，但是为了促进城市轨道交通的发展，需要采取一定的措施将轨道交通的外部收益内部化，且同时引入社会资本对轨道交通进行市场调节使其具有长期发展性。国内的 PPP 融资模式根据我国的国情，具有特殊的形式，但由于刚刚起步，还存在一定的弊端。因此，总结国内外 PPP 融资模式的经验教训，针对存在的问题，提出以下建议。

（1）城市轨道交通建设为沿线物业带来巨大的升值开发空间，为了缓解政府的轨道交通投资压力、加快城市轨道交通建设速度，应建立相应的机制将轨道交通带来的外部效益通过一定的方式估算出来，并运用到城市轨道交通建设运营中，即实现外部效应内部化。

（2）不断完善政府对 PPP 投融资模式下社会投资的补助制度，并通过允许投资者开展广告业务、进行商业及房地产开发等各种优惠政策吸引社会的多元化投资，使投资者真正感觉到有利可图，如此才能真正吸引民营企业投资。单纯地说不足部分由政府补贴，不利于特许经营公司的市场化运作，还容易造成政府与特许经营公司间的纠纷。

（3）国内 PPP 投融资模式下政府投资普遍高于日本 PPP 投融资模式下政府投资，低估了地铁的外部效益，因此需要对 PPP 投融资模式下民营企业的投资、收益加强监管，建立合理的受益者负担制度。

（4）采取一定的措施把地铁沿线的居住和商业增值进行回收，如美国采取的是税收政策，而香港特区在地铁建设之前就将沿线的土地转让给地铁公司，地铁公司对沿线的大多数商铺和写字楼只租不卖，这样地铁修建带来的增值效益都能通过租金回收。

（5）投资主体多元化是未来城市轨道交通投融资发展的大方向，政府应该采取各种手段不断吸引社会资本的加入，投资收益与风险必须成正比，过分保证投资人的收益不利于轨道交通投融资市场化，而过分地保障政府投资收益，不利于吸引社会资本。

（6）不断完善城市轨道交通与其他交通工具的接驳换乘，如地铁站附近一定设立与其接驳的公交，而大型的地铁站附近最好建立自行车停车场或者私家车停车位，方便换乘。

（7）有些政策、法规已经不能适应未来 PPP 融资的需求，因此迫切需求为 PPP 融资制定相应的法律保障和政策机制，为 PPP 融资发展提供政策法规支持。

第三节 对风险管理模式的总结

（一）政治风险分担处理

由于政治风险主要是由政府部门制定的法律政策以及特许权审批等因素造成的，属于政府部门的权力范围，在建设和运营期内，当政治风险使项目公司建设或运营成本增加到一定数额时，项目公司可以对损失进行评估，并要求政府部门进行相应的补偿，因此政治风险一般应由政府承担。

但对于我国中央政府和地方政府都大力支持发展的轨道交通项目而言，发生政治风险的概率很低，政府部门通常会在特许权审批、税收以及法律法规方面向轨道交通项目提供各种优惠政策，保证轨道交通项目的发展，以此来减轻交通拥堵的压力。

（二）金融风险分担处理

由于国内轨道交通项目目前一般采用国内商业银行贷款的方式融资，很少利用外资或国外银行贷款，加上私营部门一般为国内企业，所以基本不用考虑外汇风险。如果利用了出口信贷等外汇，通常做法是：在建设期，承包商根据建设合同承担所有由汇率变化引起的建设成本的增加；在运营期，则由政府、私营部门以及贷款机构共同承担汇率风险。至于外汇的不可获得和不可转移风险，私营部门一般在特许权协议中要求政府部门给予相应的承诺和保证，以此避免政府部门外汇管制对 PPP 项目造成影响。

而对于利率风险，私营部门则可以根据对轨道交通项目未来现金流量的预测，采用利率掉期、期权等金融工具将贷款银行规定的浮动利率转换成固定利率，或者采用一系列逐步递增的利率上限的利率期权来降低利率风险。

通货膨胀风险的影响因素复杂，不仅受国内经济政策等条件的影响，同时还受到国际经济环境的影响，对于通货膨胀风险，私营部门应尽量与政府部门在合同中规定价格调整条款，当通胀率达到一定水平时，允许轨道交通票价进行相应的调整或由政府给予适当的补贴。

（三）不可抗力风险分担处理

由于风险发生的不可抗性及其特殊性，不可抗力风险一般由私营部门、政府部门和贷款机构共担，对于一些可保险的意外事件，项目公司可以进行投保，将一部分风险转移给保险公司，尽量减少不可抗力发生对项目造成的损失。

（四）完工风险分担处理

为了限制及转移项目的完工风险，贷款银行通常要求私营部门或者工程公司提供相应的完工担保作为保证，由私营部门或工程公司承担项目的完工风险。通常的做法是私营部门被要求在指定的银行账户中存入一笔预定的担保存款，或者从指定的金融机构中开出一张以贷款银行为受益人的备用信用证。对于私营部门而言，则可以通过要求工程公司提供履约担保、留置资金担保、项目运行担保等方式来将部分完工风险转移给工程承包商，但私营部门不可能完全摆脱完工风险。

（五）运营风险分担处理

城市轨道交通项目采用 PPP 模式除了由于政府部门资金有限外，另一个主要原因是可以引入私营部门先进的技术和管理经验，提高项目运营的效率和效益。因此，在 PPP 项目中，运营管理风险应由私营部门承担。贷款银行一般要求私营部门提供在担保金额上有所限制的资金缺额担保来保证项目正常运营所需的现金流量。

对于原材料和动力供应风险，通常也由私营部门承担，私营部门可以通过与轨道交通所需车辆、轨道等原材料供应企业签订"供货与付款"协议以及与电厂等电力供应部门签订合同（可以给予电力保障和电力优惠）保证原材料和动力的供应。另外，如果条件允许，私营部门可以通过签订合同的形式将轨道交通项目原材料和动力供应的成本与轨道交通项目票价相挂钩来对原材料和动力价格风险进行规避。

（六）市场风险分担处理

市场风险主要由私营部门承担，政府部门也承担其中的一部分，具体如下。一是收费或收益不足风险分担处理。由于轨道交通项目收费或收益不足风险主要受政府制定的票价政策的影响，所以 PPP 项目中一般规定，如果根据政府部门制定的运营票价计算的实际平均人次票价收入水平低于测算的平均人次票价收入水平，政府应对项目公司进行票价差额补偿，政府承担一部分收费或收益不足风险。但如果是私营部门自身的原因造成收益不足，比如经营管理落后、服务质量差、管理效率低下等，则由私营部门承担该风险。

二是客流量风险分担处理。在项目公司的运营达到政府规定的运营标准的前提下，如果运营期内连续几年的实际客流均低于约定客流的一定比例，且项目公司连续亏损，则政府应对项目公司进行相应的补贴，补贴的形式可以采用直接的财政性补贴，也可以采用延长特许经营期、税收优惠等间接的政策性补贴。当然，如果实际客流量超过约定客流量一定比例，则超过部分对应的收益应由政府部门和私营部门按合同约定共享，也就是说政府承担一部分客流量风险。

三是基础设施配套风险分担处理。政府应负责对城市轨道交通沿线的公共交通进行综合管理，优化资源配置，提高轨道交通利用率，采取制定公交政策、线路规划等措施培育客流，以此来减轻路面压力。因此，政府应承担一部分基础设施配套风险。

（七）信用风险分担处理

信用风险包括政府违约风险和私营部门违约风险，政府部门和私营部门应分别承担各自自身原因造成的违约风险。对于轨道交通项目而言，由于其具有较强的公益性，政府部门一般会全力支持该项目，但这并不意味着政府部门不会违约，私营部门应对政府做出的保证或优惠政策做长远打算，分析政府部门是否有能力承担其责任，一旦政府部门违约，私营部门应该在充分调查研究的基础上根据政府违约对其造成的损失，提出相应的赔偿或补贴要求。对于私营部门而言，为了确保其违约不会对轨道交通项目造成影响，可以令其提供各种信用担保和保证手段，来保证其承担相应的责任并对贷款银行等进行赔偿。

（八）环保风险分担处理

按照污染者负担费用的原则，环保风险一般由私营部门承担。因此，私营部门在轨道交通项目设计中应考虑环境因素，熟悉国内有关环保的法律规定，在工程承包合约中明确列出项目各参与方应注意和采取的环保措施。另外，私营部门也可以对环保风险进行投保，但是投保环保风险的作用非常有限，主要还是依靠私营部门采取完善的环境保护措施来规避环保风险。

第四节　对风险管理模式的展望

安全的本质含义应该包括预知、预测、分析危险和限制、控制、消除危险。安全，是人类在其生存发展活动中遵循和追求的一个重要原则和目标，安全责任重于泰山。采用 PPP 模式进行建设的城市轨道交通项目是一项复杂的系统工程，必须在规划、设计阶段充分考虑，在施工阶段认真组织、勤于监测，以杜绝安全事故的发生，保障生命及财产安全。

（一）加快法制建设，完善技术标准

认真总结国内外地铁建设和运营的安全管理工作经验，针对本地地铁安全管理存在的主要问题，抓紧制定和完善地方法规，明确地铁规划、设计、施工、监理、运营单位的安全职责，依法规范乘客行为，保护地铁安全设施，确保地铁系统安全运营。要因地制宜地制定地铁建设、运营等安全管理的地方标准，并加强对安全管理技术标准实施情况的监督管理，从源头上消除安全事故隐患。

（二）贯彻"预防为主"的方针，真正提高防范意识

建立起高效、协调的防灾应急机制，制定日常建设、运营事故处置预案，做好各项预警与应急处置方案制定和现场的组织实施，要加强地铁公司与公安、消防、武警等相关部门的信息网络建设，定期模拟防灾合成演练，确保应急协调联动。

树立"预防为主"的观念。在健全安全生产管理制度的基础上，重点抓落实，真正按制度办事，按规定程序和相关的安全技术规程要求操作。变事后处理为预先分析，变事故管理为隐患管理。要重心下移，关口前移。实行生产管理全过程的预防、检查、监督。只有全员在生产管理过程中真正做好防范工作，才能降低事故发生的概率，最大限度地避免事故的发生。

（三）完善安全生产责任制，强化责任意识

安全生产责任制是指生产经营单位的主要负责人对本单位安全生产工作负有首要的责任。责任制的落实靠的是树立"安全第一、以人为本"的思想，靠的是严格的检查、监督和完善的奖罚措施。

（四）加大对地铁安全措施的投入力度

抓安全，关键在落实。安全工作是一个系统工程，涉及管理、技术、资金等。安全标准与人、财、物的投入成正比。要实现可控的安全标准，一定要加大投入。

（五）学习国际地铁安全管理经验

东京、香港地铁建设和运营安全水平处于世界领先水平，遵循"合理而可行最低风险"原则，值得我们深入研究。它们采用成熟技术，提出地铁"安全、方便、高效、经济、舒适，可持续发展以配合城市发展"的目标，应用 RAMS 系统保证技术，RAMS 即可靠度（Reliability）、可用度（Availability)、可维修度（Maintenancability）和安全度（Safety）。根据风险高低制定系统保证计划及工作内容，并开展危害及运营能力研究等，实战演习也非常到位。

地铁安全关系人身安全和国家财产安全。落实安全工作是贯彻以人为本科学发展观的重要体现。地铁建设者有责任、有义务在各个环节重视安全工作，以防为主，依靠科学，规范管理，不断提高我国地铁建设和运营安全水平。安全工作任重而道远，但是安全风险可控可防，我们有信心和决心降伏"恶魔"，确保城市轨道交通建设和运营安全。

参考文献

［1］陈进杰：《城市轨道交通项目广义全寿命周期成本理论与应用研究》，博士学位论文，北京交通大学，2011，第 14～17 页。

［2］代春泉、王磊、王渭明：《城市隧道施工风险分析与控制技术研究》，清华大学出版社，2016，第 17～21 页。

［3］范益群、钟万勰、刘建航：《时空效应理论与软土基坑工程现代设计概念》，《清华大学学报》（自然科学版）2000 年第 40 期（增 1），第 49～53 页。

［4］高余：《PPP 模式下城市轨道交通项目风险分担研究》，博士学位论文，石家庄铁道大学，2012，第 14～23 页。

［5］郭仲伟：《风险分析与决策》，机械工业出版社，1987，第 31 页。

［6］胡海虹：《城市轨道交通项目风险管理研究》，博士学位论文，复旦大学，2012，第 31～34 页。

［7］李静华、李启明：《PPP 在我国城市轨道交通中的经济风险因素分析》，《建筑经济》2007 年第 10 期，第 23～26 页。

［8］罗富荣、曹伍富：《北京轨道交通工程安全风险管理体系》，中国铁道出版社，2013，第 61 页。

［9］马勇：《基于 PPP 模式的城市轨道交通项目风险分担模型与机制研究》，博士学位论文，石家庄铁道大学，2014，第 12～17 页。

［10］孙星：《风险管理》，经济管理出版社，2007，第 26～79 页。

［11］同济大学：《崇明越江通道工程风险分析研究》，2002，第 32 页。

［12］王昕、潘咸华、修杰、曹露：《基于生命周期的基础设施 PPP 项目风

险分担机制研究》，《中国工程咨询》2016 年第 3 期，第 37 ~ 39 页。

［13］ 魏健：《基于 PPP 模式的保险资金投资风险分析》，博士学位论文，山东大学，2015，第 28 ~ 29 页。

［14］ 邢邦宁：《基于 PPP 模式的城市轨道安通设施项目风险分担机制研究》，博士学位论文，中国科学院大学，2015，第 32 ~ 46 页。

［15］ 于九如：《投资项目风险分析》，机械工业出版社，1997，第 35 ~ 43 页。

［16］ 翟永威：《PPP 项目风险分担模型研究》，博士学位论文，吉林大学，2016，第 35 ~ 38 页。

［17］ 张顶立：《城市地下轨道交通建设中的安全风险分析与管理》，《市政技术》2014 年第 22 期（增），第 25 页。

［18］ 张玮：《PPP 模式下城市轨道交通项目风险评价研究》，博士学位论文，天津大学，2012，第 13 ~ 24 页。

［19］ 郑胜强等：《基于 FANP 的城市轨道交通 PPP 项目风险分担研究》，《项目管理技术》2016 年第 3 期，第 118 ~ 124 页。

［20］ 朱斌、陆彦、陈晓芸：《城市轨道交通工程全生命周期可保风险及对应险种研究》，《现代管理科学》2007 年第 4 期，第 118 ~ 119 页。

［21］ 朱珊、王海平、孟肖旭：《基于 PCA-Shaply 的城市轨道交通 PPP 项目收益风险评价》，《工程经济》2016 年第 7 期，第 42 ~ 48 页。

［22］ Ahadzi, Marcus, Graeme Bowles, "Public-Private and Negotiations Contract: An Empirical Study," *Construction Management and Economics* 2 (2009): 115 – 121.

［23］ Al-Bahar, J. F., "Systematic Risk Management Approach for Construction Projects," *Journal of Construction Engineering and Management* 3 (1990): 533 – 546.

［24］ Arndt, R. H., "Risk Allocation in the Melbourne City Link Project," *Project Finance* 4 (1998): 11 – 24.

［25］ Choi, Hyun-Ho, Hyo-Nam Cho, J. W. Seo, "Risk Assessment Methodology for Underground Construction Project," *Journal of Construction Engineering and Management* 4 (2014): 258 – 272.

［26］ Clark, G. T., A. Borst, "Addressing Risk in Seattle-s Underground," *PB*

Network 1 （2002）: 33 –37.

[27] Einstein, H. H., "Risk and Risk Analysis in Rock Engineering," *Tunneling and Underground Space Technology* 2 （1996）: 141 –155.

[28] ETWB, "Risk Management for Public Works-Risk," *Management User Manual* 2 （2015）: 17.

[29] Li, B., Risk Management of Public/Private Partnership Projects （Ph. D. diss., University of Glasgow, 2006）, pp. 58 –62.

[30] Shen, Li-Yin, Andrew Platten, X. P. Denc, "Role of Public Private Partnerships to Manage Risks in Public Sector Projects in Hong Kong," *International Journal of Project Management* 9 （2006）: 587 –594.

[31] Snel, A. J. M., D. R. S. van Hasselt, "Risk Management in the Amsterdam North/South Metroline: A Matter of Process-communication instead of Calculation," World Tunnel Congress 1999 on Challenges for the 21st Century, Oslo, Norway, May 31 –June 3, 1999.

[32] Sturk, R., L. Lolsson, J. Johansson, "Large Underground Projects, as Applied to the Stockholm Ring Road Tunnel," *Tunneling and Underground Space Technology* 2 （1996）: 157 –164.

[33] The International Tunnelling Group, "The Joint Code of Practice for Risk Management of Tunnel Works," 2006.

[34] TNZ, "Risk Management Process Manual," New Zealand, 2014, pp. 23 –25.

[35] Zhang, X. Q., M. K. Mohan, "Procurement Protocols for Public-Private Partnered Projects," *Journal of Construction Engineering and Management* 1 （2009）: 79 –89.

致　谢

在本书撰写过程中，得到上海同岩土木工程科技有限公司与郑州轨道交通有限公司的大力支持和帮助，它们在施工方法、施工风险分析、技术数据等方面向"地铁工程施工风险综合管理体系研究"联合课题组提供资料，使本课题得以全面分析轨道交通工程风险。郑州航空工业管理学院大三的 3 位同学在著作形成后期认真进行了文字校对。在此，对他们一并表示感谢！

图书在版编目（CIP）数据

空港城市地铁项目 PPP 模式可保风险管理研究：以郑州市为例 / 张伟等著 . -- 北京：社会科学文献出版社，2017.12
（航空技术与经济丛书 . 研究系列）
ISBN 978 - 7 - 5201 - 2060 - 9

Ⅰ . ①空… Ⅱ . ①张… Ⅲ . ①地下铁道 - 风险管理 - 研究 - 中国 Ⅳ . ①F572.7

中国版本图书馆 CIP 数据核字（2017）第 313729 号

航空技术与经济丛书·研究系列

空港城市地铁项目 PPP 模式可保风险管理研究
——以郑州市为例

著　　者／张　伟　葛梦溪　李明哲　魏延洲

出 版 人／谢寿光
项目统筹／陈凤玲　关少华
责任编辑／田　康

出　　版／社会科学文献出版社·经济与管理分社（010）59367226
　　　　　　地址：北京市北三环中路甲 29 号院华龙大厦　邮编：100029
　　　　　　网址：www. ssap. com. cn
发　　行／市场营销中心（010）59367081　59367018
印　　装／三河市尚艺印装有限公司

规　　格／开　本：787mm × 1092mm　1/16
　　　　　　印　张：11.75　字　数：181 千字
版　　次／2017 年 12 月第 1 版　2017 年 12 月第 1 次印刷
书　　号／ISBN 978 - 7 - 5201 - 2060 - 9
定　　价／68.00 元